Hubert Albus

Lesekompetenz effektiv fördern

mit literarischen Texten und Sachtexten

7. Klasse

Kopiervorlagen mit Lösungen

BRIGG Pädagogik

Gedruckt auf umweltbewusst gefertigtem, chlorfrei gebleichtem
und alterungsbeständigem Papier.

1. Auflage 2013
Nach den seit 2006 amtlich gültigen Regelungen der Rechtschreibung

ISBN 978-3-87101-**880**-0 www.brigg-paedagogik.de

Vorwort

Lesekompetenz

Lesekompetenz bedeutet, dass man geschriebene Texte verstehen, nutzen und über sie reflektieren kann, um eigene Ziele zu erreichen, das eigene Wissen und Potential weiterzuentwickeln und am gesellschaftlichen Leben teilzuhaben.
Dieser Band erleichtert die Unterrichtsvorbereitung zum Leseunterricht, weil er mithilfe motivierender Texte und anschaulicher Arbeitsblätter die Lesekompetenz schult. Zwölf verschiedene Lesetexte zu unterschiedlichen Textsorten enthalten vielfältige und abwechslungsreiche Übungen zur Entwicklung von **Lesefertigkeit** wie wortgenaues, flüssiges und klanggestaltendes Lesen. Die Arbeitsaufträge zur Klärung von Inhalt, Gehalt und zur Sprachbetrachtung fördern die **Lesefähigkeit**. Beim sinnerfassenden Lesen kommen die Anforderungsstufen Reproduktion, Reorganisation, Transferleistungen und problemlösendes Denken zum Tragen. Die Texte und Fragen orientieren sich am Kompetenzstufenmodell PISA, das durch fünf Kompetenzstufen definiert ist.

Lesekompetenzstufen (LKS)

Kompetenzstufe I: Oberflächliches Verständnis einfacher Texte
Schüler und Schülerinnen, die über Kompetenzstufe I nicht hinauskommen, können mit einfachen Texten umgehen, die ihnen in Inhalt und Form vertraut sind. Die zur Bewältigung der Leseaufgabe notwendige Information im Text muss deutlich erkennbar sein, und der Text darf nur wenig konkurrierende Elemente enthalten, die von der relevanten Information ablenken könnten. Es können nur offensichtliche Verbindungen zwischen dem Gelesenen und allgemein bekanntem Alltagswissen hergestellt werden. Diese Kompetenzstufe bezeichnet lediglich elementare Lesefähigkeiten.

Kompetenzstufe II: Herstellen einfacher Verknüpfungen
Schülerinnen und Schüler, die Kompetenzstufe II erreichen, sind in der Lage, einfache Verknüpfungen zwischen verschiedenen Teilen eines Textes herzustellen und mit einer begrenzten Anzahl von konkurrierenden Informationen umzugehen. Sie verfügen auch über die Fähigkeit, die Bedeutung einzelner Elemente durch einfache Schlussfolgerungen zu schließen. Auf dieser Grundlage kann der Hauptgedanke eines im Hinblick auf Inhalt und Form relativ vertrauten Textes identifiziert und ein grobes Verständnis des Textes entwickelt werden. Die gelesenen Informationen können mit Alltagswissen in Beziehung gesetzt und unter Bezugnahme auf persönliche Erfahrungen und Einstellungen beurteilt werden.

Kompetenzstufe III: Integration von Textelementen und Schlussfolgerungen
Schülerinnen und Schüler, deren Leistungen der Kompetenzstufe III entsprechen, sind in der Lage, verschiedene Teile des Textes zu integrieren, auch wenn die einzubeziehende Information wenig offensichtlich ist, mehrere Kriterien zu erfüllen hat und ihre Bedeutung teilweise indirekt erschlossen werden muss. Die Schülerinnen und Schüler können mit relativ auffälligen konkurrierenden Informationen umgehen. Sie sind in der Lage, ein genaues Verständnis von Texten mittleren Komplexitätsgrades zu entwickeln und spezifisches Wissen gezielt zu nutzen, um das Gelesene auf dieser Grundlage zu beurteilen.

Kompetenzstufe IV: Detailliertes Verständnis komplexer Texte
Schülerinnen und Schüler, die Kompetenzstufe IV erreicht haben, können mit Texten umgehen, die ihnen im Hinblick auf Inhalt und Form relativ unvertraut sind. Sie sind in der Lage, eingebettete Informationen zu nutzen und sie den Anforderungen der Aufgabe entsprechend zu organisieren. Potenzielle Hürden wie Mehrdeutigkeiten, Sprachnuancen oder den eigenen Erwartungen widersprechende Elemente können diese Schülerinnen und Schüler weitgehend bewältigen. Sie sind in der Lage, ein genaues Verständnis komplexer, relativ langer Texte zu erreichen und diese unter Rückgriff auf externes Wissen zu beurteilen.

Kompetenzstufe V: Flexible Nutzung unvertrauter, komplexer Texte
Bei Schülerinnen und Schülern, die sich auf Kompetenzstufe V befinden, handelt es sich um Expertenleser, die auch komplexe, unvertraute und lange Texte für verschiedene Zwecke flexibel nutzen können. Sie sind in der Lage, solche Texte vollständig und detailliert zu verstehen. Dieses Verständnis schließt auch Elemente ein, die außerhalb des Hauptteils des Textes liegen und in starkem Widerspruch zu den eigenen Erwartungen stehen. Die Bedeutung feiner sprachlicher Nuancen wird angemessen interpretiert. Diese Schülerinnen und Schüler sind in der Lage, das Gelesene in ihr Vorwissen aus verschiedenen Bereichen einzubetten und den Text auf dieser Grundlage kritisch zu bewerten.

Leseproben Notenschlüssel:

Note 1: 50 – 45	Note 4: 29,5 – 21
Note 2: 44,5 – 38	Note 5: 20,5 – 10
Note 3: 37,5 – 30	Note 6: 9,5 – 0

Inhalt

Vorwort 3

Literarische Texte

1. Herbert W. Franke: Waffenhandel 5
2. Achim Bröger: Jenny 13
3. Willi Fährmann: Die richtigen Leute 19
4. Ephraim Kishon: Gebrauchsanweisung 27
5. Hans Jakob von Grimmelshausen: Die Schrecken des Dreißigjährigen Krieges 33
6. Lesetest: Gerhard Zwerenz: Nicht alles gefallen lassen 39

Sachtexte

1. Mobbing in der Schule 45
2. Erst fielen die Mauern, dann das System 51
3. Fliegen nach dem Vorbild der Natur 57
4. Greifvögel – heute nicht mehr von der Ausrottung bedroht 63
5. Waldbrände 69
6. Lesetest: Christoph Kolumbus entdeckt Amerika 75

Waffenhandel
(Herbert W. Franke)

Kein Wesen ist so hässlich wie der Mensch. Schon die schlaffe bleiche Haut, die formlosen Gesichter, die weichen Hände. Noch schlimmer aber die Ausstrahlungen – die Gemeinheit, die Bosheit, die Aggression, die aus ihm herausdünstet wie ein übelriechendes Narkotikum ...

Andere hatten es ihm gesagt – Grom hatte noch keinen Menschen gesehen, jedenfalls nicht aus der Nähe. Er hatte auch nicht den Wunsch gehabt, einen Menschen zu sehen. Und nun der Auftrag ...

Er stand in einem Kraterfeld des Erdmonds, im Koordinatenkreuz 63° NB und 6° WL, genau wie vereinbart. Er stand reglos und wartete. Doch seine Gedanken arbeiteten. Innerlich bereitete er sich auf das Grässliche vor – die Begegnung mit einem Menschen. Über ihm hing die blaugrüne Kugel des Planeten Erde. Seine Entdeckung war eine Sensation für die Wissenschaft gewesen – und dann ein Schock. Ein Planet mit so reichem Bestand an Leben, ein Planet, dessen Lebensbedingungen sich gar nicht so sehr von jenen ihres armen Heimatplaneten unterschieden.

Eine Welt mit einem Überfluss an Wasser – es kam im Boden vor, in der Luft, vor allem aber oberflächlich, in riesigen Ansammlungen. Eine Welt mit reichem Gehalt an Sauerstoff, Wasserstoff, Stickstoff. Eine solche Welt musste ein Paradies sein.

Und in einem solchen Paradies lebt ein Wesen wie der Mensch! Im ganzen Weltraum hatten sie keine intelligente Lebensform gefunden, die auch nur annähernd so durchtrieben böse war, so falsch, so hinterhältig, so zerstörerisch – ganz auf die Vernichtung anderer Wesen eingestellt. Seine Mordlust machte nicht einmal vor seinesgleichen halt – Menschen brachten es fertig, andere Menschen zu töten, sie setzten sogar technische Mittel ein, um das in groß angelegten Aktionen zu tun. Zu Lande, zu Wasser und in der Luft fielen sie über andere her, setzten sie einem Hagel von Geschossen aus, besprühten sie mit ätzenden Chemikalien, ließen Bakterien auf sie herabregnen und entzündeten radioaktive Feuer, in denen die Überfallenen umkamen – und manchmal auch die Angreifer selbst.

Grom merkte, wie sich das Entsetzen in ihm ausbreitete. Gerade er musste mit dieser schrecklichen Mission betraut werden! Er fürchtete, ihr nicht gewachsen zu sein. Würde er die Nähe eines Menschen vertragen können? Er besaß keinen Schutzpanzer, denn er brauchte keinen, und er hatte keine Waffe. In seiner Welt gab es keine Waffen. Seine ganze Ausrüstung diente einem friedlichen Zweck: Mit einer Magnetschließe befestigt trug er das Kästchen mit dem Übersetzungsautomaten an seiner Brust – für die Verständigung war gesorgt.

Aus dem Dunkel des schwarzen Himmels löste sich ein heller Punkt – er sah es mit seinem Rückenauge. Und selbst auf diese Entfernung hin glaubte er einen Hauch des Bösen wahrzunehmen, das der Mensch um sich verbreitete ...

Jahrelang hatten sie die Erde beobachtet. Als sie die schreckliche Wahrheit erkannt hatten, waren sie nur noch selten gelandet – an entlegenen Stellen, um Proben von Mineralien oder Pflanzen zu entnehmen. Der erste Versuch eines Kontakts mit den Menschen hatte sie ein Raumschiff gekostet – und ein Team von Wissenschaftlern. Man hatte einen großen freien Platz inmitten einer der Städte zum Landeplatz bestimmt. Das Schiff hatte noch nicht aufgesetzt, als man es mit Feuer eindeckte, so lange, bis es nur noch ein Klumpen verbogenen Metalls war.

Von da an hatten sie die Menschen aus der Ferne beobachtet – jahrzehntelang. Sie hatten die Wogen der Zerstörung verfolgt, die von Zeit zu Zeit alles überschwemmten, das regelmäßige Aufflackern der Aggression, das sich nicht eher aufhalten ließ, als bis weite Landstriche vernichtet waren. Sie hatten festgestellt, dass die Waffen immer wirkungsvoller wurden, Meere zum Sieden brachten und Kontinente zerstörten. Und sie hatten gemerkt, wie der Mensch lernte, Raumschiffe zu bauen, und dass er sich anschickte, die Erde und das übrige Sonnensystem mit seinen unbewohnbaren Planeten zu verlassen und den Raum seiner Aktivität in das All zu verlegen ...

Das plumpe Schiff des Menschen setzte nicht weit von Grom auf. Die Fenster waren beleuchtet, er sah einen Schatten, eine winkende Hand. Eine Wand öffnete sich – eine Schleuse –, eine Leiter wurde heruntergekippt.

Grom kämpfte gegen eine Panik an und zwang sich zurückzuwinken. Er setzte sich in Bewegung und kletterte die Leiter hinauf. Er betrat die Schleuse und wartete. Nach einigen Sekunden öffnete sich die Innentür, und er trat ein.

Es war noch schrecklicher, als er gefürchtet hatte. Nicht das Aussehen störte ihn – darauf war er vorbereitet – aber die überwältigende Ausstrahlung perverser Gedanken. Aber jetzt war er ruhig. Er wusste, dass jeden Moment Explosivgeschosse in seinen Leib einschlagen könnten, aber er hatte die Panik überwunden. Er dachte nur noch an seine Aufgabe, und daran, sie möglichst rasch hinter sich zu bringen.

„Hallo“, sagte Snider. „Kommen Sie näher! Wollen Sie sich setzen? Ich könnten Ihnen einen Whisky anbieten, aber ich schätze, Sie trinken ihn nicht. Na, dann prost!“ Er schenkte sich ein Glas voll und trank einen kräftigen Schluck.

„Können wir zu unserem Geschäft kommen?“, fragte Grom. Er blieb unbewegt in der Mitte des Raums stehen. Die Verständigung war gut, stellte er fest. Der Übersetzungsautomat funktionierte.

„Sie haben es eilig?“, fragte Snider. „Ich verstehe – an mir soll's nicht liegen. Woran haben Sie gedacht? An H-Bomben, bakteriologische Waffen, L-Strahler, Virusgifte? Ich habe da einige brauchbare Sachen.“ Er streckte den Arm aus. Auf einen Knopfdruck hin glitt eine Schiebetür zur Seite. In Regalen aufgereiht, von Kunststofffolie umhüllt und an Halterungen sorgfältig befestigt, sah man alle möglichen Gebilde, deren Funktion sich Grom nicht erklären konnte – spindelförmige Körper, kopfgroß, meterlange Metallzylinder, winzige Phiolen mit durchsichtigen Flüssigkeiten ...

Grom trat näher. Er deutete mit seiner zwölffingrigen Greifhand auf einige Stücke. „Was ist das?“

„Das sind Pistolen“, sagte Snider stolz. „Alle möglichen Typen und Kaliber. Brauchen Sie Pistolen? Ich habe noch große Vorräte ...“

„Was macht man damit?“, fragte Grom.

Snider lachte. „Sie sollten sich ein paar Krimis anschaun!“ Er wurde schnell wieder sachlich, als sein Blick auf Groms Schuppenkopf fiel. „Es ist ein Waffe für den Nahkampf. Man kann damit einzelne Personen sehr wirkungsvoll ... nun, sagen wir: um die Ecke bringen. Haben Sie etwas dergleichen im Sinn? Sehen Sie, ich zeige es Ihnen!“

Er nahm einen Revolver aus dem Regal, stellte einen Hebel um. An der Wand wurde eine Zielscheibe sichtbar – der Umriss eines Menschen. Snider schoss – man sah die Einschüsse an Kopf, Hals und Unterleib. Grom merkte das Vergnügen, das Snider daran hatte.

„Nein“, sagte Grom. „Ich brauche etwas Wirksames, etwas für eine großangelegte Aktion.“ Er näherte sich dem Regal und blickte auf die sauber gearbeiteten Bomben, Granaten und Torpedos.

„Oh“, sagte Snider und legte den Revolver ins Regal zurück. „Da sind Sie bei mir an der richtigen Stelle. Von mir bekommen Sie kein Spielzeug. Dieses Gerät hier, ein L-Strahler – eine sehr sinnreiche Anwendung des Laserprinzips. Auf diese Weise können Sie große Energien verzögerungsfrei in die Ferne werfen und dabei sehr genau zielen. Und hier haben wir eine automatische Rakete – sie steuert ihr Ziel selbst an. Im Kopf können Sie eine Atombombe anbringen, aber auch organische Gifte, chemische Kampfstoffe usw. Und hier, diese Flüssigkeit, über Trinkwasser verabreicht, verbrennt jedes Lebewesen von innen heraus. In jenem Gefäß ist Transuran 113. Vor der Applikation wird es durch Neutronen aktiviert. Einige Mikrogramm auf die Haut gebracht, führen zu einem Zerfallsprozess, der sich innerhalb von Sekunden über die gesamte Körperoberfläche verbreitet. Wir haben auch langsam wirkende radioaktive Präparate für gezielten Effekt. Man kann die Lunge und die Leber, die Milz, das Gehirn zersetzen und verfaulen lassen. Auch für den Großraumeinsatz ist gesorgt. Sehen Sie, dieses Ding hier ist ein Zerstrahlungskatalysator. Er zerstört jede komplexe organische Struktur. Die Wirkung pflanzt sich blitzschnell über Tausende Kilometer fort. Damit können Sie das Leben auf einem ganzen Planeten vernichten.“ Er nickte bekräftigend. „Eine ausgezeichnete Waffe – mit selektiver Wirkung. Alles technische Inventar bleibt unangetastet.“

„Doch, ja, das wäre vielleicht brauchbar“, sagte Grom überlegend. „Aber wer garantiert, dass die Waffe das hält, was sie verspricht?“

Snider lachte wieder. Sein Lachen war schrill, und Grom fing eine Gedankenausstrahlung ein, in der sich der Gemütszustand des Menschen mit aller Nacktheit entblößte – es war die Inkarnation des Grausamen, des Entarteten, des Irrsinns. Ich muss es hinter mich bringen, dachte er.

„Kommen Sie“, forderte ihn Snider auf. Er trat an das Okular eines Fernrohrs, das auf die Erde gerichtet war. „Hier können Sie jede Einzelheit sehen. Die Waffe wurde angewandt, erst gestern. Wussten Sie das nicht?“ Seine Worte wurden zu einem Geflüster. Wieder bemerkte Grom schaudernd die starke mentale Ausstrahlung. „Alles Leben auf der Erde wurde vernichtet. Überzeugen Sie sich! Einen besseren Beweis gibt es nicht. Stellen Sie nur die Vergrößerung ein, wie Sie es wollen!“

Er machte Grom Platz, der eines seiner Kugelaugen an das Okular zu bringen versuchte. Und dann sah Grom die tote Erde – die verwüsteten Städte, die verbrannten Pflanzungen, die kahle Landschaft, er sah Details, Spuren von Menschen, zu Staub zerfallen, leere Kleidungsstücke, Schuhe, Büschel von Haaren, und daneben immer wieder die Häufchen von Staub.

„Ja“, sagte Snider. „Es ist vorbei. Ich bin übrig geblieben. Allein. Und es ist völlig logisch, dass gerade ich übrig geblieben bin, ich, der die Waffen geliefert hat.“ Er drehte sich zu Grom um, der vom Fernrohr zurückgetreten war und wieder neben dem Regal stand.

„Ich freue mich“, sagte Snider, „dass wir Kontakt aufgenommen haben. Ich muss mich ja jetzt nach neuen Märkten umsehen. Haben Sie sich entschlossen? Nehmen Sie diese Waffe?“

Grom rückte näher an das Regal heran. Er streckte die Hand aus. „Unter diesen Umständen“, sagte er, „genügt mir das!“

Er hob die Pistole und richtete sie auf Snider. Jetzt hatte er keine Bedenken mehr. Er tat, was er tun musste.

Herbert W. Franke: Einsteins Erben

D L | Name: ______________________ | Datum: ______________________

Waffenhandel

LKS 1

❶ Was stimmt?

☐ Die Menschen entdecken die Außerirdischen.

☐ Die Außerirdischen entdecken die Menschen.

LKS 2

❷ Wie werden die Menschen von Grom, einem außerirdischen Wesen, charakterisiert?

____

____

____

LKS 2

❸ Was erfährst du über Aussehen, Fähigkeiten und Charakter von Grom? Streiche Falsches durch.

versteht die Sprache der Menschen nicht – Eierkopf – aggressiv – Punktaugen – hinterhältig – Schuppenkopf – friedfertig – Stirnaugen – verständigt sich mithilfe eines Übersetzungsautomaten – Kugelaugen – Glatzkopf – Glasaugen – kann Gedanken empfangen

LKS 2

❹ Welche Waffen bietet der Waffenhändler Grom an? Zähle sie auf.

____

____

____

LKS 3

❺ Sind diese Waffen in der Geschichte wirkungsvoller als unsere heutigen Waffen?

____

____

____

LKS 3

❻ Im Wörterpuzzle sind 16 Fremdwörter versteckt, die in der Geschichte vorkommen. Finde die Wörter heraus. Sie können waagrecht und senkrecht, aber auch in Gegenrichtung versteckt sein. Markiere sie. Die frei bleibenden Buchstaben ergeben, von links oben nach rechts unten gelesen, noch zwei weitere Fremdwörter aus dem Text.

D	M	M	M	A	R	G	O	R	K	I	M	P	H	I	O	L	E
U	M	R	A	T	N	E	V	N	I	P	E	R	V	E	R	S	K
P	I	I	N	N	O	I	T	A	N	R	A	K	N	I	U	R	A
L	S	N	A	R	K	O	T	I	K	U	M	E	R	A	R	A	L
I	S	E	L	E	K	T	I	V	L	I	E	N	N	E	I	L	I
K	I	N	A	P	N	O	I	S	S	E	R	G	G	A	V	U	B
A	O	U	A	P	P	L	I	K	A	T	I	O	N	T	R	K	E
T	N	O	N	E	N	☺	K	A	T	A	L	Y	S	A	T	O	R

D_L	Lösung:	

Waffenhandel

❶ Was stimmt? LKS 1

☐ Die Menschen entdecken die Außerirdischen.

☒ Die Außerirdischen entdecken die Menschen.

❷ Wie werden die Menschen von Grom, einem Außerirdischen, charakterisiert? Zitiere. LKS 2

Menschen zeichnen sich durch Gemeinheit, Bosheit und Aggression aus (Z. 4/5). Sie sind durchtrieben böse, falsch, hinterhältig, zerstörerisch und zeigen Mordlust (Z. 35–38). Sie strahlen perverse Gedanken aus (Z. 111). Sie sind grausam, entartet, irrsinnig (Z. 208/209).

❸ Was erfährst du über Aussehen, Fähigkeiten und Charakter von Grom? Streiche Falsches durch. LKS 2

versteht die Sprache der Menschen nicht – ~~Eierkopf~~ – ~~aggressiv~~ – ~~Punktaugen~~ – ~~hinterhältig~~ – Schuppenkopf – friedfertig – ~~Stirnaugen~~ – verständigt sich mithilfe eines Übersetzungsautomaten – Kugelaugen – ~~Glatzkopf~~ – ~~Glasaugen~~ – kann Gedanken empfangen

❹ Welche Waffen bietet der Waffenhändler Grom an? Zähle sie auf. LKS 2

H-Bomben (Wasserstoffbomben), bakteriologische Waffen, L-Strahler (Laser-Strahler), Virusgifte, Pistolen, Bomben, Granaten, Torpedos, Atombomben, organische Gifte, chemische Kampfstoffe, Zerstrahlungskatalysator

❺ Sind diese Waffen in der Geschichte wirkungsvoller als unsere heutigen Waffen? LKS 3

Der Mensch besitzt schon alle diese Waffen außer den Zerstahlungskatalysator. Dieser ist erheblich wirksamer als alles andere. Er kann alles Leben auf einem Planeten innerhalb eines Tages zerstören.

❻ Im Wörterpuzzle sind 16 Fremdwörter versteckt, die in der Geschichte vorkommen. Finde die Wörter heraus. Sie können waagrecht und senkrecht, aber auch in Gegenrichtung versteckt sein. Markiere sie. Die frei bleibenden Buchstaben ergeben, von links oben nach rechts unten gelesen, noch zwei weitere Fremdwörter aus dem Text. LKS 3

D	M	M	M	A	R	G	O	R	K	I	M	P	H	I	O	L	E
U	M	R	A	T	N	E	V	N	I	P	E	R	V	E	R	S	K
P	I	I	N	N	O	I	T	A	N	R	A	K	N	I	U	R	A
L	S	N	A	R	K	O	T	I	K	U	M	E	R	A	R	A	L
I	S	E	L	E	K	T	I	V	L	I	E	N	N	E	I	L	I
K	I	N	A	P	N	O	I	S	S	E	R	G	G	A	V	U	B
A	O	U	A	P	P	L	I	K	A	T	I	O	N	T	R	K	E
T	N	O	N	E	N	☺	K	A	T	A	L	Y	S	A	T	O	R

D_L	Name: ______________________	Datum: ______________

Waffenhandel

❼ Im Text kommen viele Fremdwörter vor. Ordne dem Fremdwort die richtige deutsche Bedeutung zu. Verbinde. LKS 4

Mikrogramm •	• Größe von Geschossen
selektiv •	• entartet, abartig, abnormal, widernatürlich
Phiole •	• betäubendes Medikament
Applikation •	• birnenförmiges Glasgefäß mit engem Hals
Narkotikum •	• Stoff, der bei chem. Reaktion unverändert bleibt
Aggression •	• kleine Masseneinheit (1 millionstel Gramm)
Kaliber •	• eine Auswahl treffend
Inkarnation •	• Angriff, Überfall, feindliche Einstellung
Katalysator •	• Anwendung, Verabreichung; Aufnäharbeit
pervers •	• Menschwerdung („Fleischwerdung“)
Okular •	• Linse, durch die das Auge schaut

❽ Was hat Grom mit den Menschen auf der Erde vor? Begründe sein Vorhaben. Warum erübrigt sich es? LKS 4

____

____

____

____

❾ Zu welcher Literaturgattung gehört der Text? LKS 5

☐ Erzählung ☐ Ballade ☐ Kurzgeschichte ☐ Roman ☐ Fabel

❿ Waffenhandel ist auch heute ein alltägliches Geschäft. Beantworte die zwei Fragen. LKS 5

① Warum sind China, Indien und Südkorea die drei größten Waffenimporteure?

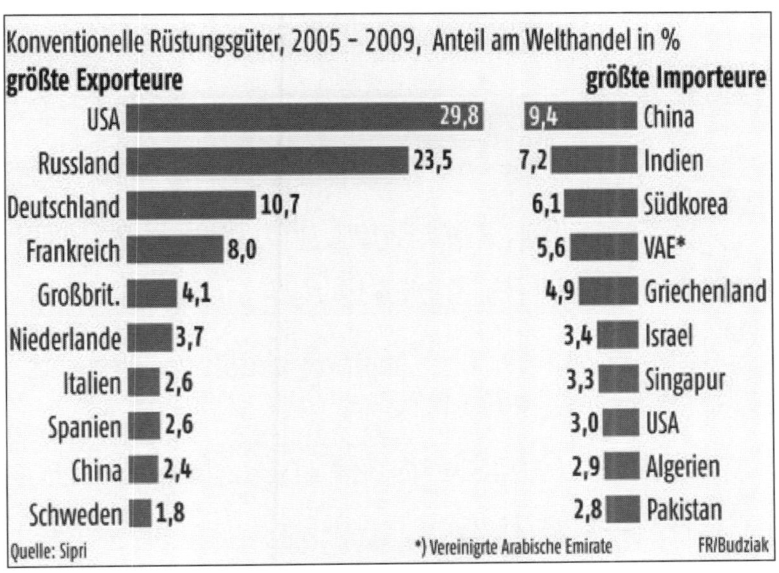

____

____

____

____

____

② Welche Waffen werden vorwiegend gekauft?

____

____

DL | Lösung:

Waffenhandel

❼ Im Text kommen viele Fremdwörter vor. Ordne dem Fremdwort die richtige deutsche Bedeutung zu. Verbinde.

LKS 4

Mikrogramm	Größe von Geschossen
selektiv	entartet, abartig, abnormal, widernatürlich
Phiole	betäubendes Medikament
Applikation	birnenförmiges Glasgefäß mit engem Hals
Narkotikum	Stoff, der bei chem. Reaktion unverändert bleibt
Aggression	kleine Masseneinheit (1 millionstel Gramm)
Kaliber	eine Auswahl treffend
Inkarnation	Angriff, Überfall, feindliche Einstellung
Katalysator	Anwendung, Verabreichung; Aufnäharbeit
pervers	Menschwerdung („Fleischwerdung“)
Okular	Linse, durch die das Auge schaut

❽ Was hat Grom mit den Menschen auf der Erde vor? Begründe sein Vorhaben. Warum erübrigt sich es?

LKS 4

Grom will die Menschen vernichten, weil sie dabei sind, ihre Aggressionen in das All zu tragen und damit den Frieden gefährden. Das erübrigt sich, weil die Menschen sich selbst umgebracht haben.

❾ Zu welcher Literaturgattung gehört der Text?

LKS 5

☐ Erzählung ☐ Ballade ☒ Kurzgeschichte ☐ Roman ☐ Fabel

❿ Waffenhandel ist auch heute ein alltägliches Geschäft. Beantworte die zwei Fragen.

LKS 5

① Warum sind China, Indien und Südkorea die drei größten Waffenimporteure?

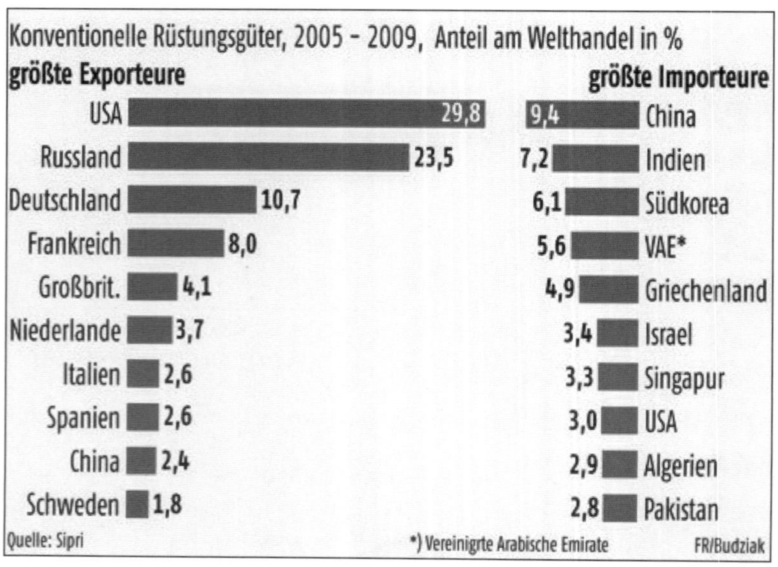

China, Indien und Südkorea kaufen die meisten Waffen ein. Sie rüsten für mögliche Konflikte mit ihren anliegenden Nachbarstaaten und auch, um militärische Stärke zu demonstrieren.

② Welche Waffen werden vorwiegend gekauft?

Schusswaffen, Panzer, ferngesteuerte Raketen

Jenny
(Achim Bröger)

„Ich fahr' in die Stadt zum Einkaufen", sagt Mutter. „Kannst du das nicht morgen machen?", frage ich. Aber sie schüttelt den Kopf und erklärt mir: „Nee, ich muss heute fahren. Morgen soll ich mit Claudia zur Untersuchung ins Krankenhaus. Das dauert bestimmt wieder endlos.

Na gut, ich bleibe also hier. Aber wirklich nicht gerne. Eigentlich wollten wir nämlich mit den Rädern wegfahren, Jenny, Bernd und ich. Die beiden werden's tun. Ich nicht. Und Mutter drückt mir einen schnellen Abschiedskuss auf die Backe, nimmt ihre Einkaufstasche und geht. An der Tür stoppt sie kurz noch mal und sagt: „Vergiss nicht, Claudia die Tablette zu geben."

Dann ist sie draußen. Und ich sitze in der Küche und darf nicht mit den anderen wegfahren. Ich weiß schon, einer muss auf meine kleine Schwester aufpassen. Aber was heißt hier klein? Fast so groß wie ich ist Claudia. Und ich bin nur ein bisschen kleiner als meine Mutter. Da kommt Claudia schon, steht in der Tür und sagt: „He." Dazu lächelt sie. Jetzt drückt sie den Lichtschalter, knipst ihn an und aus. Sieht auf ihre Hand und zur Lampe. Nochmals und noch mal macht sie das. „Licht", sagt sie und redet dann weiter. Was sie noch redet, verstehe ich nicht. Das klingt, als würde sie eine andere Sprache sprechen. Eine, die nur sie versteht. Bei ganz kleinen Kindern hört sich das ähnlich an. Aber Claudia ist ja groß. Trotzdem kann sie kaum mehr sprechen als so'n Kleinkind. Sie hat bei ihrer Geburt nämlich mal einige Zeit keine Luft bekommen. Dabei ist irgendwas mit ihrem Gehirn passiert. Deswegen muss sie auch gleich wieder die Tablette schlucken. Ohne die wird sie ganz aufgeregt.

Claudia ist aus dem Zimmer gegangen. Ich höre eine Tür zufallen. Wohin hat Mutter die Tabletten nur gelegt? Die Schachtel steht doch sonst immer im Regal neben dem Herd. Da finde ich sie aber nicht und auch nicht im Küchenschrank. Aber sie braucht die Tablette jetzt. „Claudia!", rufe ich und bekomme keine Antwort. In ihrem Zimmer steckt sie nicht. Dafür sehe ich auf ihrem Schrank die Tablettenschachtel. Und dann schreit Claudia. Ich erschrecke, renne zum Badezimmer und reiß' die Tür auf. Da steht meine Schwester, zeigt zum Klo. Die Wasserspülung läuft, und eine halbe Rolle Klopapier liegt abgerollt auf den Fußbodenkacheln. Die andere Hälfte hat sie wohl ins Klo geworfen. Jedenfalls ist es verstopft. Ich bin sauer, rolle das restliche Papier auf und hoffe, dass das Wasser doch noch abläuft. Wenn nicht, werde ich den Abfluss schon irgendwie freibekommen, beruhige ich mich.

So ... und jetzt die Tablette. Die schluckt sie sofort. Ich will mich nicht über Claudia ärgern. Auch nicht darüber, dass ich nicht mit den anderen wegfahren kann. Aber trotzdem möchte ich weg. Und ob ich das will oder nicht, ich ärgere mich, dass ich's nicht darf. Claudia hat sich ein Stück Watte aus dem Wattebeutel meiner Mutter gezupft und pustet dagegen. Das Wattestück fliegt wie 'ne große Schneeflocke und fällt langsam und weich auf den Kachelboden. „Komm", sage ich. Claudia guckt zum Klo, dann zu mir. Ich nehme sie einfach am Arm. Da geht sie mit. Am Türgriff ihres Zimmers bleibt sie stehen und drückt den ein paar Mal. „Papa", sagt sie. Das ist auch so'n Wort, das sie gelernt hat. Warum fällt ihr das gerade eben ein? Hat er mal den Türgriff repariert, und sie hat dabei zugesehen? Ich weiß einfach oft nicht, was sie meint. Jetzt guckt sie den Griff auf der anderen Seite der Tür an, drückt ihn und schmeißt die Tür mit Wucht zu.

„Das sollst du nicht!", schimpfe ich. Die nervt mal wieder. Eigentlich könnte ich ein bisschen mit ihr rausgehen. Das macht sie ganz gern. „Claudia", rufe ich. Sie hat wohl gemerkt, dass ich sauer auf sie bin, und verzieht das Gesicht. Ich halte ihr einfach die Jacke hin. Sie schlüpft rein und rennt sofort zum Stuhl im Flur. Auf den setzt sie sich, damit ich ihr die Schuhe anziehe und zubinde. „Weggehen", sage ich. „Da", sagt sie und freut sich. Schade, dass ich nicht wenigstens manchmal mit ihr reden kann. Richtig reden, meine ich. Aber sie schafft eben nicht mehr als ein paar Wörter. Auf der Treppe poltert sie mächtig. „Psst", mache ich. Die Nachbarn beschweren sich nämlich, wenn sie laut ist. Claudia kann sich einfach nicht merken, dass sie das nicht sein soll.

Und dann sind wir draußen, meine kleine große Schwester, und ich. Jenny spielt am Hauseingang gegenüber.

Eigentlich ist sie meine beste Freundin. Sie sieht mich und rennt zu mir.

„Hallo“, sagt sie. „Kommst du nachher mit?“

„Geht heute nicht“, sage ich.

„Musst du wieder aufpassen?“, stöhnt Jenny, und ich nicke.

Es ist komisch, wie sie Claudia ansieht. Sie versteht irgendwie nicht, dass meine Schwester kaum was reden kann. Das passt einfach nicht in Jennys Kopf.

„Tschüs“, sagt Jenny.

„Tschüs“, sage ich, und weg ist sie.

Plötzlich guckt mich Claudia an. Sie verzieht ihr Gesicht, als würde sie sich anstrengen, und sagt: „Jenny...“, zwar undeutlich, aber ich versteh's. Sie hat Jenny gesagt. Zum ersten Mal. Die kennt sie ja auch, hat sie schon oft gesehen. Am liebsten möchte ich hinter Jenny herrennen und ihr erzählen: Claudia sagt Jenny.

Aber für Jenny ist das sicher nichts Besonderes, für mich schon. Und meine Eltern werden sich riesig freuen, wenn sie das hören. Ein ganzes neues Wort hat Claudia gelernt! Vor zwei Jahren dachten wir nie, dass sie überhaupt mal Wörter sprechen könnte. Ich möchte 'n Purzelbaum schlagen auf dem Asphalt und tu's natürlich nicht. Dafür tipp' ich Claudia gegen die Schulter.

„Jenny“, sage ich, damit sie ihr neues Wort nicht vergisst. „Jenny“, sagt sie.

Und jetzt freu' ich mich riesig, dass ich bei ihr geblieben bin.

Jenny. Ein tolles Claudiawort. Dabei ist es eigentlich schwer zu sprechen: Jenny. Das Wort klingt für mich, als hätte es 'ne kleine Sonne in sich. Ich fass' Claudia an der Hand. Hoffentlich vergisst sie ihr neues Wort nicht.

„Jenny“, sage ich.

„Jenny“, sagt sie. Ganz laut und fast deutlich.

© Achim Bröger

D L	Name: ____________________	Datum: ______________

Jenny

LKS 1

❶ Wie ist die Geschichte? Streiche Unpassendes durch.

traurig – spannend – lustig – berührend – humorvoll – belanglos – schwer verständlich

LKS 1

❷ Welche Personen kommen in der Geschichte vor? Zähle sie auf.

____

LKS 2

❸ Was geht der Ich-Erzählerin in der Küche durch den Kopf? Kreuze die richtigen Antworten an.

- ☐ Gottseidank passt Mutter auf. Ich kann mit dem Rad wegfahren.
- ☐ Meine kleinere Schwester kann diesmal selbst auf sich aufpassen. Ich fahre weg.
- ☐ Ich muss auf Claudia aufpassen.
- ☐ Mein geplanter Radausflug mit Jenny und Bernd kann nicht stattfinden.
- ☐ Ich muss auf Jenny aufpassen.
- ☐ Mein geplanter Radausflug mit Claudia und Bernd kann nicht stattfinden.

LKS 2

❹ Claudia ist ein behindertes Kind. Sie kann nur ganz wenig sprechen. Was war hierfür die Ursache?

____

____

LKS 3

❺ Was erfährst du im Text über Claudia und ihr Verhalten?

____

____

____

____

____

____

____

____

____

LKS 3

❻ Hier war das Schüttelteufelchen am Werk. Nur ein Satz ist richtig und ergibt einen Sinn. Kreuze ihn an. Wenn du den Satz nicht mehr weißt, dann suche ihn im Text.

- ☐ Meine Schwester versteht irgendwie nicht, dass ich kaum was reden kann.
- ☐ Ich verstehe irgendwie nicht, dass meine Schwester kaum was reden kann.
- ☐ Sie versteht irgendwie nicht, dass meine Schwester kaum was reden kann.
- ☐ Jenny versteht irgendwie nicht, dass ich kaum was reden kann.

D L | Lösung:

Jenny

❶ Wie ist die Geschichte? Streiche Unpassendes durch.

traurig – ~~spannend~~ – ~~lustig~~ – berührend – ~~humorvoll~~ – ~~belanglos~~ – ~~schwer verständlich~~

❷ Welche Personen kommen in der Geschichte vor? Zähle sie auf.

Ich-Erzählerin, Claudia, Jenny, Mutter, Bernd

❸ Was geht der Ich-Erzählerin in der Küche durch den Kopf? Kreuze die richtigen Antworten an.

☐ Gottseidank passt Mutter auf. Ich kann mit dem Rad wegfahren.

☐ Meine kleinere Schwester kann diesmal selbst auf sich aufpassen. Ich fahre weg.

☒ Ich muss auf Claudia aufpassen.

☒ Mein geplanter Radausflug mit Jenny und Bernd kann nicht stattfinden.

☐ Ich muss auf Jenny aufpassen.

☐ Mein geplanter Radausflug mit Claudia und Bernd kann nicht stattfinden.

❹ Claudia ist ein behindertes Kind. Sie kann nur ganz wenig sprechen. Was war hierfür die Ursache?

Sie hat bei ihrer Geburt nämlich mal einige Zeit keine Luft bekommen. Dabei ist irgendwas mit ihrem Gehirn passiert.

❺ Was erfährst du im Text über Claudia und ihr Verhalten?

Claudia kann kaum sprechen. Sie beherrscht nur ein paar Wörter, obwohl sie fast genauso groß wie ihre Schwester ist. Häufig sind Claudias Wörter nicht zu verstehen. Sie hat den Verstand eines Kleinkindes und ist noch sehr verspielt. Claudia schreit oft laut auf und bereitet durch ihre Handlungen häufig Probleme. Sie verstopft z. B. die Toilette mit einer Klorolle. Sie wirft die Türen zu und poltert die Treppe hinunter, dass die Nachbarn schimpfen. Claudia kann sich auch nichts merken. Sie braucht Tabletten, denn diese stellen sie ruhig.

❻ Hier war das Schüttelteufelchen am Werk. Nur ein Satz ist richtig und ergibt einen Sinn. Kreuze ihn an. Wenn du den Satz nicht mehr weißt, dann suche ihn im Text.

☐ Meine Schwester versteht irgendwie nicht, dass ich kaum was reden kann.

☐ Ich verstehe irgendwie nicht, dass meine Schwester kaum was reden kann.

☒ Sie versteht irgendwie nicht, dass meine Schwester kaum was reden kann.

☐ Jenny versteht irgendwie nicht, dass ich kaum was reden kann.

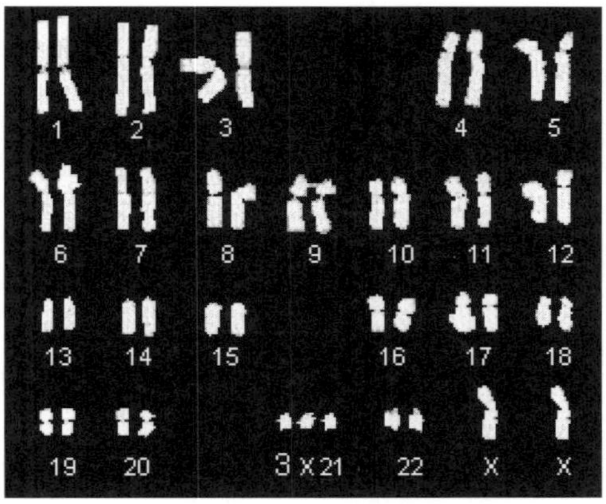

❻ Das Bild zeigt die Chromosomen eines an Trisomie erkrankten Mädchens. Diese Erbkrankheit nennt man auch Down-Syndrom. Versuche mithilfe des Bildes zu erklären, was diese Erkrankung verursacht. LKS 4

____

____

____

____

❼ Auch Menschen mit Behinderungen stehen im Beruf ihren Mann. Schreibe deinen Eltern eine kurze E-Mail, in der du über dein Zusammentreffen mit Johanna und ihr kompetentes Bedienen berichtest. Schildere dabei auch deine Gefühle. LKS 5

Eine kompetente Mitarbeiterin im Eissalon

Zunächst hat die junge Frau nur die Spülmaschine ein- und ausgeräumt. Doch dann hat sie nach und nach in einem Marburger Eissalon immer mehr Aufgaben bekommen und souverän erledigt: Johanna hat das Down-Syndrom – und eine Arbeit, die ihr viel Spaß macht. Johanna ist grundehrlich, pflichtbewusst, lebhaft und lustig. Ihr macht die Arbeit im Eissalon viel Spaß. Gesa Coordes

____

____

____

____

____

____

____

____

____

❽ Betrache die Postkarte und schreibe einige Gedanken dazu auf. LKS 5

____

____

____

____

____

____

D_L Lösung:

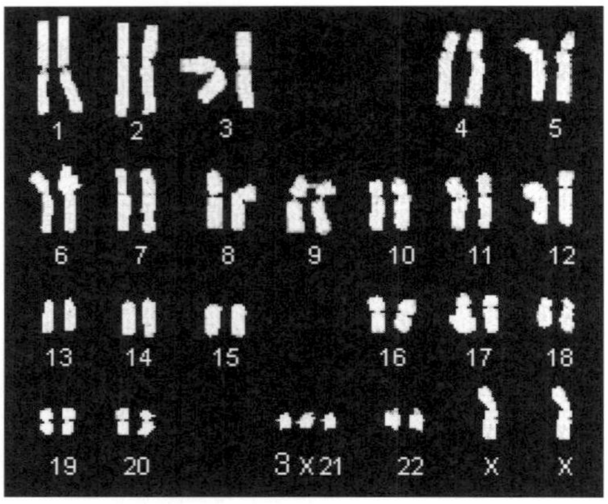

❻ Das Bild zeigt die Chromosomen eines an Trisomie erkrankten Mädchens. Diese Erbkrankheit nennt man auch Down-Syndrom. Versuche mithilfe des Bildes zu erklären, was diese Erkrankung verursacht.

LKS 4

Der Mensch hat 46 Chromosomen, die sich bis auf das 23. Chromosom (Geschlechtchromosom) paarweise anordnen lassen. Bei der Trisomie ist das 21. Chromosom anstatt zweimal dreimal (tri = drei) vorhanden.

❼ Auch Menschen mit Behinderungen stehen im Beruf ihren Mann. Schreibe deinen Eltern eine kurze E-Mail, in der du über dein Zusammentreffen mit Johanna und ihr kompetentes Bedienen berichtest. Schildere dabei auch deine Gefühle.

LKS 5

Eine kompetente Mitarbeiterin im Eissalon

Zunächst hat die junge Frau nur die Spülmaschine ein- und ausgeräumt. Doch dann hat sie nach und nach in einem Marburger Eissalon immer mehr Aufgaben bekommen und souverän erledigt: Johanna hat das Down-Syndrom – und eine Arbeit, die ihr viel Spaß macht. Johanna ist grundehrlich, pflichtbewusst, lebhaft und lustig. Ihr macht die Arbeit im Eissalon viel Spaß. Gesa Coordes

Hallo, ihr beiden, habe in Marburg ein Erlebnis gehabt, das mich sehr nachdenklich gemacht hat. Ich sitze im Zentrum in 'ner Eisdiele, als die Bedienung kommt. Ich blicke auf und sehe in ein freundliches Gesicht mit blauen Augen und Brille. Natürlich merke ich, dass das Mädchen behindert ist. Wie oft habe ich über solche Leute Witze gerissen! Höflich fragt sich mich, was ich will. Und das so entwaffnend nett, dass ich zuerst kein Wort rausbringe. Nach meiner Bestellung bringt sie schnell und geschickt mein Eis und kassiert ab. Ich ertappe mich dabei, dass ich mich schäme. Geschieht dir recht, werdet ihr jetzt wahrscheinlich sagen. Gruß Hubert

❽ Betrache die Postkarte und schreibe einige Gedanken dazu auf.

LKS 5

Jeder Mensch ist wertvoll und einzigartig. Jeden Menschen gibt es nur einmal auf der Welt. Kein Mensch ist deshalb weniger wert, weil er behindert ist. Behinderte Menschen brauchen unsere Hilfe – uneingeschränkt!

Die richtigen Leute
(Willi Fährmann)

Da kam ein Mann nach Alice Springs zurück, der einige Jahre zuvor als 18-Jähriger eines Nachts spurlos verschwunden war. „Das Goldfieber hat ihn gepackt", hieß es im Ort. Er kehrte in einer dreispännigen, eleganten Kutsche heim, trug einen karierten Anzug aus teurem englischem Stoff und einen breitkrempigen, feinen Filzhut. Noch bevor er zu seinen Eltern fuhr, stieg er vor dem kleinen, ärmlichen Pfarrhaus aus und ließ den Pfarrer herausrufen. Inzwischen waren Neugierige zusammengelaufen, denn in Alice Springs gab es im Allgemeinen nicht viele Neuigkeiten.

Der alte Pfarrer trat vor die Tür, blinzelte vom Sonnenlicht geblendet den Besucher an und zog seine rötliche Whiskynase kraus.

„Was wollen Sie von mir?", fragte er mit einer überraschend kräftigen Bassstimme.

„Kennen Sie mich nicht mehr, Pfarrer McGree?", sagte der Mann und nahm seinen Hut vom Kopf.

„Das blonde Niggerhaar!", rief der Pfarrer, als er die winzigen strohigen Locken des jungen Mannes sah. „Du kannst nur einer von Samuel Simmons sein. Der hat lauter Söhne mit solchen Krausköpfen."

„Stimmt, Pfarrer McGree. Ich bin Andrew Simmons. Und als mich vor fünf Jahren das Gold aus Alice Springs wegzog, da hab' ich's geschworen. Wenn ich's packe, hab' ich gesagt und dabei die Finger hochgestreckt, wenn ich's packe, dann will ich jedes Nugget, das so groß wie 'ne Erbse ist, aufbewahren und nach Alice Springs zurücktragen. Für die Kirche."

Er deutete auf den Trümmerplatz.

„Ich komme nicht zu spät, denke ich."

Er reichte dem Pfarrer ein Büffelhorn, das mit einem ziselierten silbernen Deckel verschlossen war. Das Horn war schwer, und der Pfarrer hatte Mühe, es mit einer Hand zu halten und mit der anderen den Deckel abzuziehen. Er steckte den silbernen Verschluss in die Tasche seiner Soutane und schüttete von dem in die hohle Hand, was das Horn bis oben hin füllte. Völlig gleiche Nuggets, erbsengroß, strahlten in der Sonne auf.

„Junge!", rief der Pfarrer aufgeregt. „Andrew Simmons! Das ist ja ein Schatz. Wir werden die schönste Kirche in ganz Alabama bauen."

Er versuchte, den jungen Simmons in die Arme zu schließen, aber das gelang nicht, weil er das Horn und die Nuggets nicht aus den Händen legen wollte.

Als der Lehrer diese Geschichte gehört hatte, sagte er: „So ist das eben. Wenn die Kirche Gold in den Händen trägt, bleibt kein Platz mehr, die Menschen ans Herz zu ziehen."

Jedenfalls war die Nachricht von dem Büffelhorn und seinem gewichtigen Inhalt mit dem Herbstwind weit im Lande herumgeweht worden.

Der alte Mann hörte sie noch am selben Tag, obwohl er mit seinen Wagen fast zwanzig Meilen von Alice Springs entfernt war. Er spürte seine Chance und steckte mit seiner Hoffnung auf eine gute Arbeit alle an. Jeremy trieb die Tiere wie nie zuvor.

Am Nachmittag sahen sie die gut dreihundert Häuser des Ortes sanft an einen Hügel geschmiegt in der Sonne liegen. Der alte Mann ließ an einem Bachufer halten.

„Diesen Auftrag müssen wir bekommen", sagte er. „Wascht euch gründlich, Leute. Wasser gibt es im Bach genug. Kämmt euch die Haare, und stutzt euch den Bart. Zieht eure beste Zimmermannskluft an. Fettet die Äxte und Sägen, und schultert sie. Wir müssen uns von der besten Seite zeigen."

Kaum eine Stunde später war der Staub abgewaschen, die Tiere standen gestriegelt im Geschirr, die Wagen zeigten nicht eine Spur vom Straßendreck. Der alte Mann ließ seinen Blick voll Zuversicht auf seinen Männern ruhen.

„Mit euch, Leute, reiße ich Bäume aus", sagte er. „Los, erobern wir Alice Springs!"

Zum zweiten Mal an diesem Tag hielten Pferde vor dem Pfarrhaus. Die Menschen, die in der warmen Abendsonne vor ihren Häusern gesessen hatten, witterten Ungewöhnliches. Der Pfarrer saß mit einigen Frauen im Garten neben seinem Haus. Als die Wagen nicht weiterfuhren, trat er an den Zaun. Die Zimmerleute hatten sich mit ihrem Werkzeug nebeneinander aufgestellt. „Guten Abend", sagte der alte Mann. „Guten Abend", antwortete der Pfarrer und wartete.

„Ich hörte, Sie wollen eine neue Kirche bauen?“, begann der alte Mann das Gespräch.

„Kann sein“, antwortete der Pfarrer vorsichtig.

„Wir sind Ihre Leute. Wir haben das Villerroysche Haus in Vicksburg gebaut und seit fast einem Jahr an vielen Orten in Mississippi und Alabama gute Arbeit geleistet.“

„Wo haben Sie denn Kirchen gebaut?“, fragte der Pfarrer.

„In Leschinen und Lindenort“, antwortete der alte Mann.

„Die Namen dieser Orte habe ich noch nie gehört. Wo liegen sie?“

„In Deutschland, in Ostpreußen, im Kreise Ortelsburg.“

„Ziemlich weit weg“, spottete der Pfarrer. „Hier leben auch Holzarbeiter. Deren Arbeit kennen wir, eure nicht.“

„Man sieht es an Ihrer Hütte“, sagte der alte Mann spöttisch und zeigte auf das Pfarrhaus.

„Könnt ihr es besser?“

„Bis morgen, wenn die Sonne aufgeht, hätten wir Ihr Haus zum Beispiel wieder in Schuss.“

„Bis morgen, wenn die Sonne aufgeht?“, rief der Pfarrer ungläubig. „Habt ihr das gehört, Leute?“

Da trat aus der Menge ein breitschultriger junger Mann hervor. Er hatte hellblonde Haare, die in winzigen Kräuseln dicht um seinen Schädel lagen.

„Ich bin Andrew Simmons“, sagte er. „Was heißt das, ihr habt das Haus in wenigen Stunden wieder in Schuss?“

„Nun, die schadhaften Bretter werden ausgewechselt, die wackeligen Balken sind dann neu verstrebt, und das Dach ist dicht“, sagte der alte Mann.

„Wenn ihr das schafft, dann wette ich mein größtes Nugget hier gegen eine Hühnerfeder.“

Er hielt ein taubeneigroßes Nugget empor, das an seiner Uhrkette befestigt war.

„Die Wette gilt“, stimmte der alte Mann zu. Sie schlugen die Hände ineinander.

Was sich jetzt ereignete, hätten die Bewohner von Alice Springs nicht für möglich gehalten. Wie wild geworden stürzten sich die Zimmerleute auf das Pfarrhaus, rissen die Bretterverkleidung herunter, richteten die Balken ins Lot, schlugen Holznägel nach, bohrten Löcher und trieben Nägel ein, verstrebten die Eckpfosten mit neuen Balken und wechselten die Oberschwelle der windschiefen Tür aus. Selbst Mathilde und Georgia griffen zur Säge. Ihr Schnitt hielt dem kritischen Blick des alten Mannes stand. Alle arbeiteten, als ob es um ihr Leben ginge. Allmählich wurde es dunkel. Die Bewohner von Alice Springs standen wie eine Mauer rundum und wichen nicht vom Fleck. Sie entzündeten Fackeln, und der Feuerschein erleuchtete die Nacht.

Gegen zwölf Uhr sagte der alte Mann zu dem Jungen: „Kurz vor fünf wird es hell. Traust du dir zu, bis dahin einen lebensgroßen Hahn zu schnitzen?“

„Wenn ich einen Lindenkloben finde, Großvater, oder anderes weiches Holz, dann schaffe ich das bestimmt.“

„Gut, dann setzen wir dem Pfarrer einen Dachreiter auf das Haus und obendrauf deinen Hahn. Den Dachreiter mache ich selbst.“

Er war ganz sicher, dass sie rechtzeitig fertig würden. Der Junge sägte mit Georgia ein Stück von einer mannsdicken Linde ab und bockte den Klotz auf einen Baumstumpf auf. Er begann seine Arbeit zunächst mit dem Beil, später nahm er Stemmeisen und Klöpfel.

Bald hatten die Zuschauer bemerkt, dass er etwas Besonderes machte, und viele drängten sich um seinen Platz. Er schnitzte schließlich mit dem Messer dem Hahn einen langen Hals und einen Kopf, hoch in die Luft gereckt, als ob er gerade zum Krähen ansetzte.

Der Morgen zog herauf. Die Fackeln verlöschten eine nach der anderen. Die Bretterwände waren längst wieder auf die Bohlen genagelt worden, das Dach zeigte keine Löcher und Risse mehr. Über eine Rolle am Giebel zogen die Männer ein schlankes, etwa mannshohes Türmchen auf das Dach hinauf. Der Dachreiter ließ sich leicht mit seinem Schwalbenschwanz auf den First aufsetzen. Mathilde durfte die Bolzen einschlagen.

„Der erste weibliche Zimmermann bist du“, sagte der alte Mann.

„Den Hahn herauf!“, rief er.

Der Junge lud sich die Figur auf den Rücken und kletterte über eine Leiter auf das Dach, hoch bis auf den First. Georgia stieg hinter ihm her.

Der alte Mann hatte in der Spitze des Türmchens ein Loch gelassen, in das der Zapfen am Fuße des Hahns genau hineinpasste. Durch Zapfen und Türmchenspitze bohrte er ein Loch und setzte einen großen Holznagel an.

„Treib ihn hinein, Luke“, sagte er. „Die Sonne wird gleich aufgehen.“

Der Junge aber reichte Georgia den Holzhammer. „Sie ist auch ein neuer Zimmermann“, sagte er.

Georgia schaute auf den alten Mann. Der nickte. Sie schlug den Holznagel ein und verfehlte mit keinem Schlag ihr Ziel.

„Fertig!“, rief sie.

Die Sonne stieß wenige Augenblicke später ihre ersten Strahlen über den Horizont, und der Hahn leuchtete im hellen Licht auf. Die Leute johlten begeistert. Frauen schleppten heißen schwarzen Kaffee herbei und brieten in großen Pfannen Speck und Eier. Die Arme der Zimmerleute waren schwer wie Blei, und ihre Rücken schmerzten. Andrew Simmons reichte dem alten Mann das Goldei mitsamt der Uhrkette.

„Ihr seid die richtigen Leute im richtigen Land“, sagte er, und es schien ihm nicht leid zu tun, dass er das schwerste Stück Gold, das er je ausgewaschen hatte, hingeben musste.

Der Pfarrer, der trotz seines Alters die ganze Nacht über in einem harten Holzsessel ausgeharrt und dem Schauspiel zugesehen hatte, rappelte sich auf und hob die Hand. „Ihr versteht euer Handwerk“, sagte er. „Wenn ihr einen Bauplan macht, der uns zusagt, dann seid ihr die Männer, die unsere neue Kirche bauen.“

Aus: Willi Fährmann: Der lange Weg des Lukas B.

D$_L$ Name:	Datum:

Die richtigen Leute

❶ Auf welchem Kontinent liegt Alice Springs? Welche Staaten grenzen an diesen Ort an?

❷ Welche Personen kommen in der Erzählung vor? Zähle sie auf und gib ihren Beruf an.

❸ Findest du folgende Fremdwörter heraus? Verbinde richtig.

Nugget •	• Klopfholz, Schlägel
ziseliert •	• Werkzeug zur Bestimmung der Senkrechten
Soutane •	• auf dem Dachfirst sitzendes Türmchen
Lot •	• verziert
Klöpfel •	• Verbindungsart von zwei Holzteilen
Dachreiter •	• auf natürliche Art entstandener Goldklumpen
Schwalbenschwanz •	• Gewand eines Geistlichen

❹ Was zeigt das Bild unten? In welchem Zusammenhang steht das Bild mit der vorliegenden Geschichte? Welche Werkzeuge kannst du herausfinden?

❺ In der Erzählung geht es auch um eine Wette. Um welche? Wer gewinnt sie? Warum?

DL | Lösung:

Die richtigen Leute

❶ Auf welchem Kontinent liegt Alice Springs? Welche Staaten grenzen an diesen Ort an?

Alice Springs liegt in den USA in Tennessee. Mississippi und Alabama grenzen dort an.

❷ Welche Personen kommen in der Erzählung vor? Zähle sie auf und gib ihren Beruf an.

Andrew Simmons (ehem. Goldgräber, Sohn von Samuel Simmons); McGree (Pfarrer); der alte Mann (Chef der Zimmerleute); Luke, Georgia und Mathilde (junge Nachwuchskräfte der Zimmerer); Zimmerleute, Lehrer, Frauen und Männer des Ortes Alice Springs

❸ Findest du folgende Fremdwörter heraus? Verbinde richtig.

Nugget	Klopfholz, Schlägel
ziseliert	Werkzeug zur Bestimmung der Senkrechten
Soutane	auf dem Dachfirst sitzendes Türmchen
Lot	verziert
Klöpfel	Verbindungsart von zwei Holzteilen
Dachreiter	auf natürliche Art entstandener Goldklumpen
Schwalbenschwanz	Gewand eines Geistlichen

❹ Was zeigt das Bild unten? In welchem Zusammenhang steht das Bild mit der vorliegenden Geschichte? Welche Werkzeuge kannst du herausfinden?

Das Bild zeigt Zimmerleute bei der Arbeit, in der Mitte den Chef der Gruppe. Auch in der Erzählung steht eine Gruppe von Zimmerleuten im Mittelpunkt, die in einem Tag das Haus des Pfarrers renovieren, um bei Erfolg den Auftrag zu erhalten, im Ort eine Kirche bauen zu dürfen. Werkzeuge sind Sägen, Axt, Hobel, Handbohrer, Latthammer, Stemmeisen, Schlögel und Keile.

❺ In der Erzählung geht es auch um eine Wette. Um welche? Wer gewinnt sie? Warum?

Andrew Simmons setzt seinen größten Nugget einschließlich seiner goldenen Taschenuhr gegen eine Hühnerfeder. Er verliert seine Wette, weil das Pfarrhaus in der vereinbarten Zeit fertig wird. Die Zimmerer gewinnen, weil sie ihr Handwerk hervorragend verstehen.

D L | Name: ______________________ | Datum: ______________________

❺ Wie kommt der Verfasser zu seiner Überschrift? Was meint er damit? LKS 3

❻ Der Goldrausch in Amerika fand von 1848 bis etwa 1900 statt. Andrew Simmons machte dort sein Glück. Wie endete das Abenteuer „Gold“ für die meisten Goldsucher? Beschreibe genauer. LKS 4

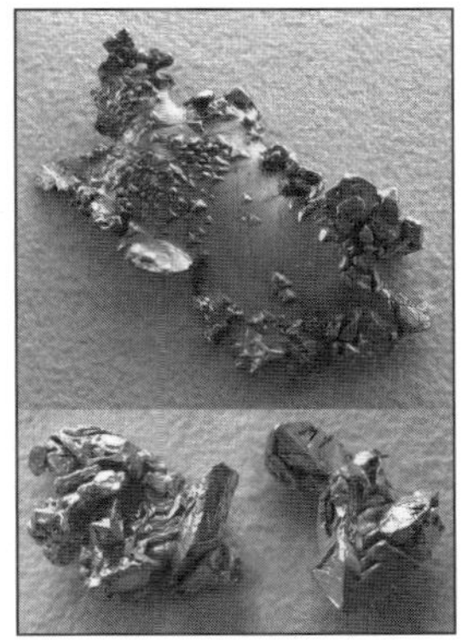

❼ Auswandern nach Amerika war nicht nur für die Zimmerleute von Deutschland nicht einfach. Zähle Gründe auf, warum viele Menschen trotzdem diesen Weg einschlugen. LKS 5

❽ Was zeigt das Bild links? Beschreibe es kurz und stelle dabei das Problem heraus. LKS 5

❾ Der Ausschnitt der Grafik gehört zum obigen Themenkreis. Was wird angesprochen? LKS 5

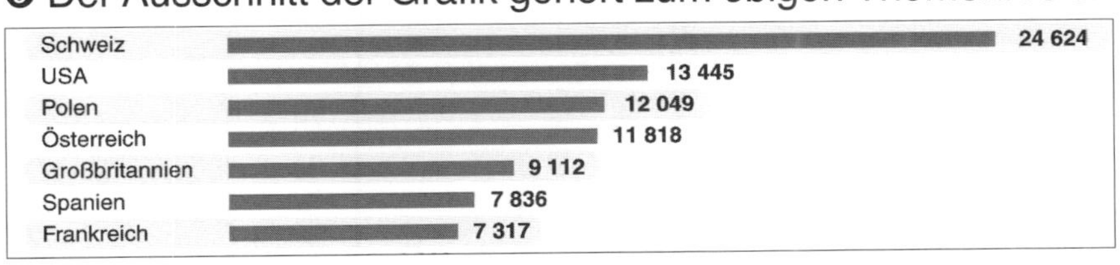

D L Lösung:

❺ Wie kommt der Verfasser zu seiner Überschrift? Was meint er damit?

Andrew Simmons spricht aus, was Willi Fährmann als Überschrift nimmt: „Ihr seid die richtigen Leute im richtigen Land.“ Amerika braucht zu diesem Zeitpunkt (um 1850) Menschen, die tüchtig sind und zum Aufbau des Landes beitragen können.

❻ Der Goldrausch in Amerika fand von 1848 bis etwa 1900 statt. Andrew Simmons machte dort sein Glück. Wie endete das Abenteuer „Gold“ für die meisten Goldsucher? Beschreibe genauer.

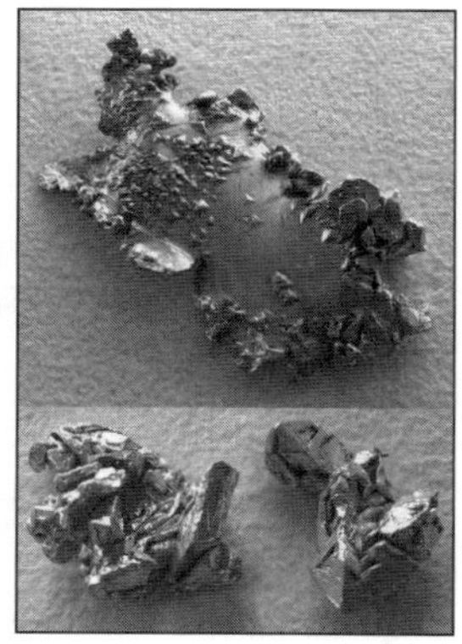

Die meisten Goldsucher gingen leer aus. Sie kamen zu spät, um lohnende Funde zu machen. In ihrer Not verdingten sie sich als Lohnarbeiter, um für Claimbesitzer nach Gold zu schürfen. Oft fehlte auch das Kapital, um in großem Stil Gold zu gewinnen. Vielen stieg der Reichtum zu Kopf und sie verloren durch Glückspiel, Alkohol, Betrug, Prostitution und Mord alles wieder.

❼ Auswandern nach Amerika war nicht nur für die Zimmerleute von Deutschland nicht einfach. Zähle Gründe auf, warum viele Menschen trotzdem diesen Weg einschlugen.

Die vielen Auswanderer, die sich damals vor rund 150 Jahren auf den beschwerlichen Weg nach Amerika begaben, flohen vor Armut und Kriegen in ihrer Heimat. Auch berufliche Perspektivlosigkeit, politische Verfolgung, Rassendiskriminierung und polizeiliche Verfolgung können Gründe gewesen sein. In Amerika erhoffte man sich eine neue Lebensperspektive, Glück, Frieden und Wohlstand.

❽ Was zeigt das Bild links? Beschreibe es kurz und stelle dabei das Problem heraus.

Es zeigt ein überbelegtes Auswandererschiff. Unbeschreibliche Missstände herrschten in Sachen Hygiene, Gesundheit, Ernährung und Sicherheit.

❾ Der Ausschnitt der Grafik gehört zum obigen Themenkreis. Was wird angesprochen?

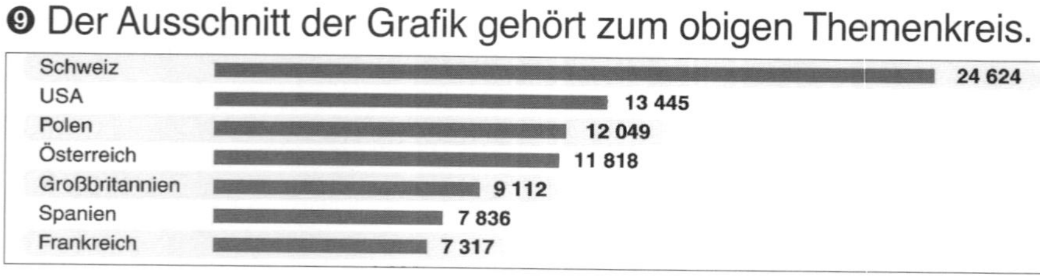

Die Grafik zeigt deutsche Auswanderer und deren Ziele. An der Spitze steht unangefochten die Schweiz, dann aber folgen schon die USA und die Nachbarländer Polen und Österreich. Neben beruflichen Gründen spielen für das Auswandern auch steuerliche Gesichtspunkte eine Rolle.

Gebrauchsanweisung
(Ephraim Kishon)

Selbst der größte Tierliebhaber – und ich betrachte mich als solchen – fragt sich vergebens nach Sinn und Zweck der Fliege. Wozu gibt es sie? Was hat sie im Universum zu tun und was in unserer Küche? Neuere Forschungen weisen allerdings darauf hin, dass es nur der Fliege zu verdanken ist, wenn unsere Knesseth-Abgeordneten während der Debatte über das Landwirtschaftsbudget nicht einschlafen. Aber die Existenz von 120 jüdischen Parlamentariern rechtfertigt doch wohl nicht die Existenz von Millionen Fliegen.

Zu Beginn der Woche schloss ich mich in mein Zimmer ein und setzte mich an den Schreibtisch, um eine beißende Satire gegen das Establishment zu verfassen. Der Titel machte mir keine Schwierigkeiten: *Offener Brief an das Establishment.* Ich schrieb ihn auch sofort hin, ganz oben.

Von da an geriet ich ein wenig ins Stocken. Vergebens zermarterte ich mir das Hirn, gegen wen sich mein Artikel eigentlich richten sollte und warum – als ich plötzlich ein scharfes Summen hörte. Es klang wie „s-s-s“. Gleich darauf landete eine kleine Fliege auf meinem linken Ohr und begann daran zu naschen.

Da wir unsere Wohnung seit zwei Wochen gegen die sommerliche Fliegenplage hermetisch abgeschlossen hatten, musste die kleine Fliege in der Wohnung geboren worden sein. Ich hatte es also mit dem seltenen Exemplar eines Ureinwohnerinsekts zu tun, was mich jedoch nicht hinderte, es von meinem Ohr zu verjagen. Was wiederum den Ureinwohner nicht hinderte, nach einigen fröhlich durchsummten Runden auf mein Ohr zurückzukehren. Dieser Vorgang wiederholte sich mehrere Male. Ich wurde ein wenig nervös, trat ans Fenster und besah mir das eingeborene Wesen etwas genauer. Ob es männlichen oder weiblichen Geschlechts war, konnte ich nicht feststellen, dazu kam ich nicht nahe genug heran. Auch blieb mir verborgen, warum gerade diese Fliege gerade an meinem Ohr so großen Geschmack fand. Es war ein Ohr wie jedes andere auch. Dennoch schien seine Anziehungskraft schlechthin unwiderstehlich zu sein: die Fliege wollte mein linkes Ohr haben und sonst gar nichts. Als ich es mit der Hand schützte, setzte sie sich auf meine Hand, und als ich sie von meiner Hand verjagen wollte, setzte sie sich auf mein linkes Ohr. Ich beschloss, die Fliege zu töten. Zwar bin ich ein Gegner der Todesstrafe, aber das Leben ist hart und grausam, besonders im Sommer.

Natürlich musste ich mein Vorhaben in aller Ruhe ausführen, gelassen, kaltblütig, ohne übertriebenen Aufwand. Ich durfte nicht etwa wild um mich schlagen oder am Tötungsakt besonderes Vergnügen empfinden. Es galt zu warten, bis der Ureinwohner sich in Reichweite meiner Hand befände, und ihm sodann mit einer blitzschnellen Bewegung den Garaus zu machen. Dazu war nichts weiter nötig als ein wenig Geistesgegenwart und Reaktionsschnelligkeit.

Mindestens zehnmal hatte ich die Fliege in meiner hohlen Hand, mindestens zehnmal entkam sie mir wieder und setzte sich geistesgegenwärtig und reaktionsschnell auf mein linkes Ohr. Wiederholt hatte ich den Eindruck, dass ich sie im Hohlraum meiner Faust zerquetscht hätte und dass ein anderer Ureinwohner an die Stelle seines gefallenen Kameraden getreten wäre, wie einst die Grenadiere bei Napoleon – aber es war immer dieselbe Fliege, die auf mein Ohr zurückgesummt kam. Ich erkannte sie an ihren großen Augen und ihrem hämischen Grinsen.

Ohne meine Selbstbeherrschung zu verlieren, begab ich mich – unter Mitnahme der Fliege auf meinem linken Ohr – in die Küche, suchte und fand die dort befindliche Fliegenklatsche und kehrte in mein Arbeitszimmer zurück, Klatsche in der Hand, Fliege am Ohr. Hier ergaben sich neuerliche Schwierigkeiten. Zweifellos hätte ich die Fliege mit einem machtvollen rechten Schwinger gegen mein linkes Ohr hinstrecken können, doch wäre dabei, ebenso zweifellos, mein linkes Ohr – und nicht nur dieses – in schmerzhafte Mitleidenschaft gezogen worden. Es bedurfte einer klügeren Taktik. Ich scheuchte die Fliege in den Raum und schrie in ungarischer Sprache auf sie ein, wovon ich mir (wie bei jedem anderen Lebewesen) einen lähmenden Effekt versprach. Er kam nicht zustande.

Nach einem ungefähr viertelstündigen Luftgefecht ergab sich als Bilanz eine zerbrochene Blumenvase, eine umgestürzte Topfpflanze, ein von der Wand gefallenes Gemälde und ein blutendes linkes Ohr.

Die Umstände ließen mir eine Kompromisslösung ratsam erscheinen. Ich erinnerte mich an meine Tante Selma, die in Budapest einen Frisiersalon betrieben hatte. In einer Ecke ihres Salons stand während der Sommermonate immer eine mit gestoßenem Zucker gefüllte Schüssel, in der sich die fliegenden Ungeheuer zu sammeln pflegten. Eine solche Schüssel stellte ich jetzt auf meinen Schreibtisch, fügte zwecks leichterer Verdaulichkeit ein paar Wassertropfen bei und wartete. Tatsächlich verließ die Fliege sofort mein Ohr, sauste im Sturzflug auf die Schüssel nieder, ergriff eine Portion Staubzucker und kehrte auf mein Ohr zurück, wo sie ihre Beute geruhsam zu konsumieren begann. Sobald der Vorrat aufgezehrt war, besorgte sie sich auf dem gleichen Weg einen neuen und dann einen weiteren und dann noch einen. Nach dem vierten oder fünften Sturzflug hatte ich ihre Landungsintervalle berechnet und holte mit meiner Fliegenklatsche zu einem genau tempierten Schlag aus. Das Wegkehren der Scherben dauerte nur wenige Minuten.

Ein wankelmütiger Charakter wäre an meiner Stelle vielleicht in Panik verfallen. Nicht so ich. Ich schaltete auf psychologische Kriegsführung um. Die Fliege, muscida vulgaris, das weiß jeder halbwegs Gebildete, wird auf geheimnisvolle Weise vom Licht angezogen und ist in der Dunkelheit völlig verloren. Also verdunkelte ich das Zimmer und öffnete beide Fensterflügel, in der sicheren Zuversicht, dass das Sonnenlicht meinen ureingeborenen Plagegeist ins Freie locken würde. Obendrein zog ich ein dunkles Tuch über meinen Kopf, um der Fliege das Verlassen meines linken Ohrs zu erleichtern. Nach einer kleinen Weile sprang ich zum Fenster, schloss es mit einem Ruck und wandte mich um.

Das Zimmer war voller Fliegen.

Bei 28 hörte ich auf zu zählen, weil ich mich fragen musste, ob ich nicht vielleicht eine Fliege zweimal gezählt hätte. Meine eigene, die Ureinwohnerin, erkannte ich mühelos daran, dass sie sich immer wieder mit höhnischem Summen auf meinem linken Ohr niederließ. Auch das Summen erkannte ich, obwohl jetzt schon der ganze Raum summte.

Als letztes Mittel bot sich der Fliegenspray an. Da alles auf dem Spiel stand, las ich zuvor die Gebrauchsanweisung:

Flit säubert das Haus von Insekten. Für Menschen und Haustiere ist es ungefährlich. Um das bestmögliche Ergebnis bei der Bekämpfung von Fliegen zu erzielen, empfiehlt es sich, alle Türen und Fenster zu schließen und alle Räume in allen Richtungen zu besprühen. Nach ungefähr zehn Minuten sind die Fenster wieder zu öffnen und die toten Fliegen hinauszukehren.

Ich tat, wie mir geheißen. Ich verriegelte Fenster und Türen und besprühte das Hausinnere bis zur völligen Erschlaffung meiner Hände. Hierauf setzte ich mich im Sinne der Gebrauchsanweisung für zehn Minuten hin, die Urfliege immer noch auf meinem Ohr.

Nach ungefähr fünf Minuten befiel mich in dem engen, muffigen, übelriechenden Raum heftiges Unwohlsein. Nach weiteren zwei Minuten litt ich an Atemnot, bekam keine Luft mehr und glitt zu Boden. Mit letzter Anstrengung kroch ich zur Tür.

Aber da waren die zehn Minuten schon vorbei, die Fliegen öffneten die Fenster und kehrten mich hinaus.

Aus: Ephraim Kishon: Salomons Urteil – zweite Instanz.

D_L	Name: ____________	Datum: ____________

Gebrauchsanweisung

❶ Fasse den Inhalt der Geschichte zusammen. Verwende dabei die unten vorgegebenen Begriffe. (LKS 1)

Fliege – plagt den Verfasser – linkes Ohr – verschiedene Fangversuche – Öffnen des Fensters – Fliegenspray – Ohnmacht

❷ Suche die Fremdwörter aus dem Text heraus. Die deutsche Bedeutung ist vorgegeben. (LKS 2)

____________	Auswirkung, Wirkung; Ergebnis
____________	Jahresabschluss von Ausgaben und Einnahmen
____________	literarische Gattung; Spottschrift, ironischer Text
____________	politisch/gesellschaftlich einflussreiche Gruppe

❸ Wenn du die Wörter in der richtigen Reihenfolge aufschreibst, weißt du, was die „Knesseth" ist und welche Aufgaben sie hat. (LKS 2)

Satz 1: irsaelische – tagt – Jerusalem – das – in – Einkammer-Parlament – das

Satz 2: Themen – Gesetze – kontrollieren – zu – zu – die – Regierung – der – diskutieren – nationalen – zu – Interesses – verabschieden – und – Arbeit

Satz 1: Sie ist ____________

Satz 2: Sie hat die Aufgabe, ____________

❹ Suche im Text die verschiedenen Methoden, mit denen der Autor versucht, die Fliege zu fangen. Schreibe sie in der angewendeten Reihenfolge in Stichpunkten auf. (LKS 3)

DL | Lösung:

Gebrauchsanweisung

❶ Fasse den Inhalt der Geschichte zusammen. Verwende dabei die unten vorgegebenen Begriffe.

Fliege – plagt den Verfasser – linkes Ohr – verschiedene Fangversuche – Öffnen des Fensters – Fliegenspray – Ohnmacht

Ein einzige Fliege plagt den Verfasser. Immer wieder setzt sie sich auf sein linkes Ohr. Trotz unterschiedlicher Fangmethoden gelingt es der Fliege immer wieder, den Fangversuchen des Autors zu entkommen. Nach der Idee, das Fenster zu öffnen, damit das Insekt nach draußen entkommen kann, ist das Zimmer stattdessen voller Fliegen. Der Verfasser versprüht daraufhin eine solche Menge Fliegenspray, dass er in Ohnmacht fällt.

❷ Suche die Fremdwörter aus dem Text heraus. Die deutsche Bedeutung ist vorgegeben.

Effekt	Auswirkung, Wirkung; Ergebnis
Bilanz	Jahresabschluss von Ausgaben und Einnahmen
Satire	literarische Gattung; Spottschrift, ironischer Text
Establishment	politisch/gesellschaftlich einflussreiche Gruppe

❸ Wenn du die Wörter in der richtigen Reihenfolge aufschreibst, weißt du, was die „Knesseth“ ist und welche Aufgaben sie hat.

Satz 1: irsaelische – tagt – Jerusalem – das – in – Einkammer-Parlament – das

Satz 2: Themen – Gesetze – kontrollieren – zu – zu – die – Regierung – der – diskutieren – nationalen – zu – Interesses – verabschieden – und – Arbeit

Satz 1: Sie ist *das israelische Einkammer-Parlament, das in Jerusalem tagt.*

Satz 2: Sie hat die Aufgabe, *Gesetze zu verabschieden, Themen nationalen Interesses zu diskutieren und die Arbeit der Regierung zu kontrollieren.*

❹ Suche im Text die verschiedenen Methoden, mit denen der Autor versucht, die Fliege zu fangen. Schreibe sie in der angewendeten Reihenfolge in Stichpunkten auf.

mehrere Versuche, die Fliege mit der Hand zu verjagen → in der hohlen Hand fangen → Fliegenklatsche → anschreien → Schüssel mit Zucker → Zimmer verdunkeln und Fenster öffnen → Fliegenspray

DL | Name: ____________________ | Datum: ____________________

❺ Nummeriere die acht Bilder in der richtigen Reihenfolge und finde dazu passende, kurze Überschriften.

① ____________________ ② ____________________

③ ____________________ ④ ____________________

⑤ ____________________ ⑥ ____________________

⑦ ____________________ ⑧ ____________________

❻ Das Bild rechts unterscheidet sich vom linken Bild durch zehn sachliche Veränderungen.

❼ Suche zwei Textstellen, die für dich ironisch und humorvoll sind. Gib die Zeilen an.

____

____

D L | Lösung:

❺ Nummeriere die acht Bilder in der richtigen Reihenfolge und finde dazu passende, kurze Überschriften.

① *Mücke im Anflug*

② *Perfekte Landung auf der Glatze*

③ *Ein gezielter Schlag, aber daneben*

④ *Fliege weg, Porzellan zerbrochen*

⑤ *Trotz Fliegenklatsche daneben*

⑥ *Der Sessel kippt um – harte Landung*

⑦ *Ein Wutanfall mit schlimmen Folgen*

⑧ *Endlich erwischt!*

❻ Das Bild rechts unterscheidet sich vom linken Bild durch zehn sachliche Veränderungen.

❼ Suche zwei Textstellen, die für dich ironisch und humorvoll sind. Gib die Zeilen an.

Nach dem Fensteröffnen ist das ganze Zimmer voller Fliegen (Z. 142/143).

Die Fliegen öffnen das Fenster und kehren mich hinaus (Z. 175/176).

Die Schrecken des Dreißigjährigen Krieges
(Hans Jakob von Grimmelshausen)

Beim Schafehüten wird der junge Simplizius von plündernden Soldaten gefangen und muss sie zum Hofe seines Vaters führen.

Wiewohl ich nicht gesinnt war, den friedliebenden Leser mit diesen Reitern in meines Vaters Haus und Hof zu führen, weil es schlimm genug darin hergehen wird, so mag ich ihm das gleichwohl nicht ersparen. Erfordert doch der Fortgang meiner Geschichte, dass ich der lieben Nachwelt hinterlasse, was für Grausamkeiten in diesem unserem Deutschen Krieg verübt wurden.

Das erste, was diese Krieger taten, war, dass sie ihre Pferde einstellten. Danach hatte jeder seine besondere Arbeit zu verrichten, deren jede Untergang und Verderben bedeutete. Während etliche anfingen zu metzgen, zu sieden und zu braten, als sollte ein lustiges Bankett gehalten werden, durchstürmten andere das Haus unten und oben, ja selbst das heimliche Gemach, als wäre das goldene Fell von Kolchis darin verborgen. Andere machten von Tuch, Kleidungen und allerlei Hausrat große Packen zusammen, als wenn sie irgendwo einen Trödelmarkt aufmachen wollten; was sie aber nicht mitzunehmen gedachten, wurde zerschlagen. Einige durchstachen Heu und Stroh mit ihren Degen, als ob sie nicht Schafe und Schweine genug zu stechen gehabt hätten. Da waren welche, die schütteten die Federn aus den Betten und füllten Speck und Dörrfleisch hinein, als ob alsdann besser darauf zu schlafen gewesen wäre. Andere zerschlugen Ofen und Fenster, als hätten sie einen ewigen Sommer zu verkünden. Bettlaken, Tische, Stühle und Bänke verbrannten sie, obwohl dürres Holz klafterweise im Hofe lag.

Unsere Magd, es ist eine Schand' zu melden, wurde im Stall dermaßen traktiert, dass sie nicht mehr herauskommen konnte.

Den Knecht legten sie gebunden auf die Erd', steckten ihm ein Sperrholz ins Maul und schütteten ihm einen Melkkübel voll garstigem Mistlachenwasser in den Leib: Das nannten sie einen schwedischen Trunk. Dadurch zwangen sie ihn, einen Trupp zu einem Ort zu führen, wo sie Menschen und Vieh mitnahmen und in unseren Hof brachten. Unter den Gefangenen waren auch mein Vater, meine Mutter und unser Ursele.

Da fing man erst an, die Steine von den Pistolen zu schrauben und an deren Statt der Bauern Daumen aufzulegen. Und sie begannen die armen Schelme so zu foltern, als hätte man Hexen verbrennen wollen. Hinter einem der gefangenen Bauern, den sie in den Backofen gesteckt hatten, waren sie auch schon mit dem Feuer her, obwohl er noch nichts bekannt hatte. Einem andern machten sie ein Seil um den Kopf und drehten es mit einem Stock so fest zusammen, dass ihm das Blut zu Mund,

Nase und Ohren heraussprang.

Es hatte jeder seine eigene Erfindung, die Bauern zu peinigen, und so hatte auch jeder Bauer seine eigene Marter.

Allein mein Vater war meinem einfältigen Bedünken nach der glücklichste, weil er mit lachendem Mund bekannte, was andere unter Schmerzen und jämmerlichem Wehklagen sagen mussten. Diese Ehre widerfuhr ihm ohne Zweifel darum, weil er der Hausvater war. Sie setzten ihn nämlich zu einem Feuer, banden ihn, dass er weder Hände noch Füße regen konnte, und rieben ihm seine Fußsohlen mit angefeuchtetem Salz ein. Das musste ihm unsere alte Geiß wieder ablecken und ihn dadurch so kitzeln, dass er vor Lachen hatte zerbersten mögen. Das klang so lustig, dass ich der Gesellschaft halber oder weil ich's nicht besser verstand, von Herzen mitlachen musste.

Unter diesem Gelächter verriet mein Vater seinen verborgenen Schatz, der an Gold, Perlen und Kleinodien viel reicher war, als man bei einem Bauern hatte vermuten mögen.

Von den gefangenen Weibern, Mägden und Töchtern weiß ich nichts Besonderes zu sagen, weil mich die Krieger nicht zusehen ließen, wie sie mit ihnen umgingen. Das aber weiß ich noch wohl, dass man hin und wieder in den versteckten Winkeln erbärmlich schreien hörte; und ich schätze wohl, es sei meiner Mutter und unserem Ursele nicht viel besser ergangen als den anderen.

Mitten in diesem Elend wendete ich Braten und half am Nachmittag die Pferde tränken, wodurch ich zu unserer Magd in den Stall kam, welche wunderlich zerstrobelt aussah;

ich erkannte sie nicht, sie aber sprach zu mir mit matter Stimme: „O Bub, lauf weg, sonst werden dich die Reiter mitnehmen. Guck, dass du davonkommst, du siehst, wie übel ...“ Mehr konnte sie nicht sagen.

Gegen Abend ist es mir gelungen, in den Wald zu entspringen.

Wo nun aber weiter hinaus? Die Wege durch den Wald waren mir so wenig bekannt wie die Straße durch das Eismeer, hinter Nowaja Semlja nach China hinüber.

Die stockfinstere Nacht verbarg mich zwar, doch schien sie meinem finstern Verstand nicht finster genug. Daher versteckte ich mich in einem dichten Gesträuch. Hier konnte ich sowohl das Geschrei der getrillten Bauern als den Gesang der Nachtigallen hören.

Aus: Der abenteuerliche Simplicissimus, bearbeitet von Josef Guggenmos.

D L	Name: ____________	Datum: ____________

Die Schrecken des Dreißigjährigen Krieges

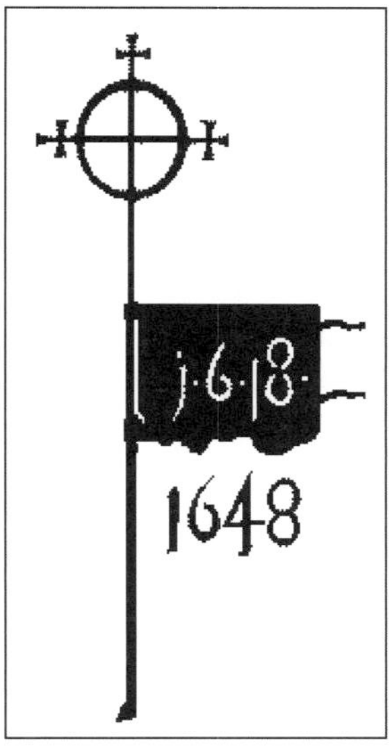

LKS 1

❶ Wenn du die Begriffe unten in den Lückentext einsetzt, weißt du, worum es in Grimmelshausens Roman geht.

Hans Jakob von Grimmelshausen schildert in seinem Roman „Der abenteuerliche Simplicissimus Deutsch“ die ____________ des 30-jährigen Krieges, den Deutsche, Dänen, Schweden und Franzosen auf ____________ Boden austrugen. Diese Auseinandersetzung kostete rund ________ Millionen Deutschen das Leben, fast die ____________ der damaligen Bevölkerung. Mitteleuropa war danach weitgehend ____________, wirtschaftlich ____________ und politisch ____________.

Hälfte – ruiniert – Gräuel – deutschem – zersplittert – zehn – menschenleer

LKS 2

❷ Was war der „Schwedentrunk“? Zitiere die Textstelle mit Zeilenangabe.

____

____

____

____

____

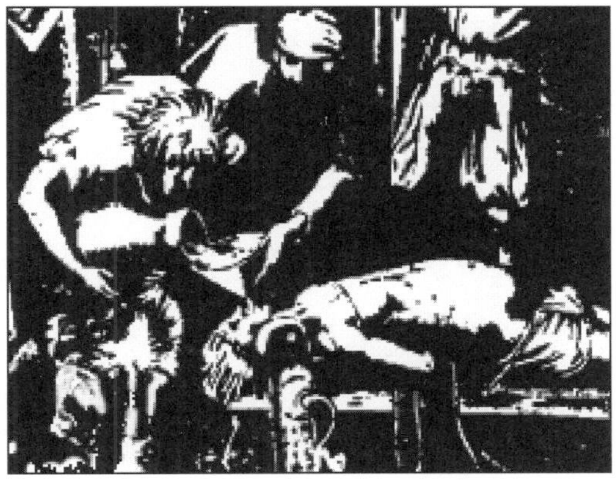

❸ Welche weiteren Foltermethoden beschreibt der Verfasser?

LKS 3

____

____

LKS 3

❹ Löse das Rätsel. Alle gesuchten Wörter sind veraltete Ausdrücke und kommen im Text vor. Die Buchstaben in den grauen Feldern ergeben ein Lösungswort, das auf der nächsten Seite einzutragen ist.

1. ungepflegt, unhöflich, ungezogen
2. schlachten, töten
3. antikes Königreich am Schwarzen Meer
4. quälen, misshandeln, martern
5. gequält, gefoltert, misshandelt
6. Schmuckstücke, Kostbarkeiten, Juwelen
7. veraltetes Raummaß (l ~ 1,8 m; h ~ 1,8 m)
8. zerzaust, unordentlich

				S						
				Z						
				L						
				T						
				R						
				N						
				A						
				T						

DL Lösung:

Die Schrecken des Dreißigjährigen Krieges

❶ Wenn du die Begriffe unten in den Lückentext einsetzt, weißt du, worum es in Grimmelshausens Roman geht.

Hans Jakob von Grimmelshausen schildert in seinem Roman „Der abenteuerliche Simplicissimus Deutsch“ die *Gräuel* des 30-jährigen Krieges, den Deutsche, Dänen, Schweden und Franzosen auf *deutschem* Boden austrugen. Diese Auseinandersetzung kostete rund *zehn* Millionen Deutschen das Leben, fast die *Hälfte* der damaligen Bevölkerung. Mitteleuropa war danach weitgehend *menschenleer*, wirtschaftlich *ruiniert* und politisch *zersplittert*.

Hälfte – ruiniert – Gräuel – deutschem – zersplittert – zehn – menschenleer

❷ Was war der „Schwedentrunk“? Zitiere die Textstelle mit Zeilenangabe.

Den Knecht legten sie gebunden auf die Erd', steckten ihm ein Sperrholz ins Maul und schütteten ihm einen Melkkübel voll garstigem Mistlachenwasser in den Leib: Das nannten sie einen schwedischen Trunk. (Zeilen 41–45)

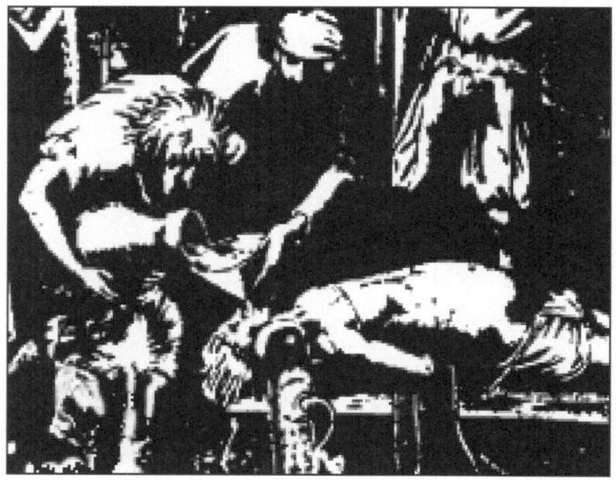

❸ Welche weiteren Foltermethoden beschreibt der Verfasser?

vergewaltigen (traktieren); Daumenschrauben anlegen; in den Backofen stecken; Salzfolter mithilfe einer Ziege

❹ Löse das Rätsel. Alle gesuchten Wörter sind veraltete Ausdrücke und kommen im Text vor. Die Buchstaben in den grauen Feldern ergeben ein Lösungswort, das auf der nächsten Seite einzutragen ist.

1. ungepflegt, unhöflich, ungezogen		G	A	**R**	S	T	I	**G**			
2. schlachten, töten		M	**E**	T	Z	G	E	N			
3. antikes Königreich am Schwarzen Meer			K	O	L	C	H	**I**	S		
4. quälen, misshandeln, martern	T	R	A	K	T	I	E	R	E	N	
5. gequält, gefoltert, misshandelt		**G**	E	T	R	**I**	L	**L**	T		
6. Schmuckstücke, Kostbarkeiten, Juwelen	**K**	L	E	I	N	**O**	D	**I**	E	**N**	
7. veraltetes Raummaß (l ~ 1,8 m; h ~ 1,8 m)			K	L	A	F	T	E	R		
8. zerzaust, unordentlich	Z	E	R	**S**	T	**R**	O	B	**E**	L	T

D L Name: ______________________ Datum: ______________________

❺ Die grau unterlegten Buchstaben ergeben – richtig geordnet – ein Wort, das besagt, welche Bezeichnung der 30-jährige Krieg noch trug. Setze das Wort in die Kästchen ein. LKS 3

☐☐☐☐☐☐☐☐☐☐☐☐☐☐

❻ Die Karte zeigt die Bevölkerungsverluste im deutschen Raum durch den 30-jährigen Krieg. Wo traten besonders gravierende Verluste auf. Warum gerade dort? LKS 4

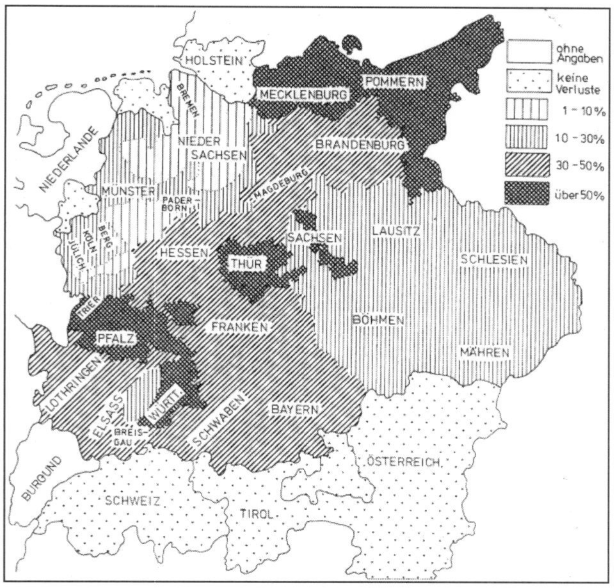

____

____

____

____

____

____

____

____

____

❼ Eine Ursache des 30-jähriges Krieges lag im Wirken dieses Mannes. Er verabscheute die Praktiken des Ablasshandels. Wie hieß dieser Mann? Was wollte er, was erreichte er? LKS 4

____

____

____

❽ Diese Aktion war der Anlass zum 30-jährigen Krieg. Was geschah am 16.Mai 1618? Wo fand dieses Ereignis statt? LKS 4

____

____

____

❾ Erkläre den Satz „Der Krieg ernährt den Krieg" (F. Schiller). Er trifft insbesondere auf den 30-jährigen Krieg zu. LKS 5

____

____

____

____

____

D_L Lösung:

❺ Die grau unterlegten Buchstaben ergeben – richtig geordnet – ein Wort, das besagt, welche Bezeichnung der 30-jährige Krieg noch trug. Setze das Wort in die Kästchen ein.

LKS 3

R	E	L	I	G	I	O	N	S	K	R	I	E	G

❻ Die Karte zeigt die Bevölkerungsverluste im deutschen Raum durch den 30-jährigen Krieg. Wo traten besonders gravierende Verluste auf. Warum gerade dort?

LKS 4

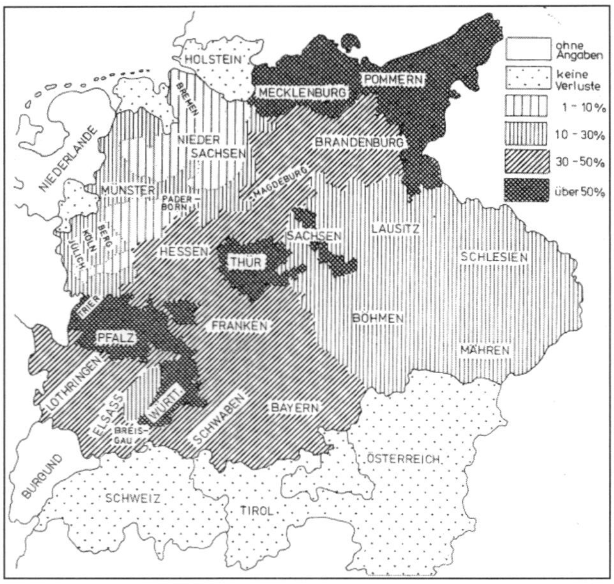

Besonders schwere Verluste waren in Mecklenburg, in Pommern, in Thüringen, in Sachsen, in der Pfalz und in Württemberg zu beklagen. Die Dänen und Schweden betraten im Norden von der Ostsee her deutschen Boden und verwüsteten dort weite Landstriche. In Thüringen und Sachsen fanden schwere Kämpfe der kaiserlichen Truppen gegen die nach Süden ziehenden Schweden statt, in der Pfalz versuchte man, die eindringenden Franzosen aufzuhalten.

❼ Eine Ursache des 30-jähriges Krieges lag im Wirken dieses Mannes. Er verabscheute die Praktiken des Ablasshandels. Wie hieß dieser Mann? Was wollte er, was erreichte er?

LKS 4

Dieser Mann hieß Martin Luther (1483–1546). Er wollte mit seiner Kritik die katholische Kirche reformieren. Aufgrund seiner Thesen kam es zur Kirchenspaltung und zur Bildung des Protestantismus.

❽ Diese Aktion war der Auslöser des 30-jährigen Krieges. Was geschah am 16. Mai 1618? Wo fand dieses Ereignis statt?

LKS 4

Beim sogenannten Prager Fenstersturz wurden drei kaiserliche, katholische Räte aus dem Fenster der Prager Burg geworfen wurden.

❾ Erkläre den Satz „Der Krieg ernährt den Krieg" (F. Schiller). Er trifft insbesondere auf den 30-jährigen Krieg zu.

LKS 5

Die Kriegskosten wurden für das Land, in dem gerade gekämpft wurde, immer höher. Da es noch keine stehenden Heere gab, die von den Landesherren finanziert wurden, mussten sich die Truppen selbst versorgen und holten sich ihren Sold und ihre Verpflegung gewaltsam bei der Zivilbevölkerung. Heeresführer sahen von daher keinen Grund, den Krieg zu beenden.

Lesetest: Nicht alles gefallen lassen
(Gerhard Zwerenz)

Wir wohnen im dritten Stock mitten in der Stadt und haben uns nie etwas zuschulden kommen lassen, auch mit Dörfelts von gegenüber verband uns eine jahrelange Freundschaft, bis die Frau sich kurz vor dem Fest unsere Bratpfanne auslieh und nicht zurückbrachte.

Als meine Mutter dreimal vergeblich gemahnt hatte, riss ihr eines Tages die Geduld, und sie sagte auf der Treppe zu Frau Muschg, die im vierten Stock wohnt, Frau Dörfelt sei eine Schlampe.

Irgendwer muss das den Dörfelts hinterbracht haben, denn am nächsten Tag überfielen Klaus und Achim unsern Jüngsten, den Hans, und prügelten ihn windelweich.

Ich stand grad im Hausflur, als Hans ankam und heulte. In diesem Moment trat Frau Dörfelt drüben aus der Haustür, ich lief über die Straße, packte ihre Einkaufstasche und stülpte sie ihr über den Kopf. Sie schrie aufgeregt um Hilfe, als sei sonst was los, dabei drückten sie nur die Glasscherben etwas auf den Kopf, weil sie ein paar Milchflaschen in der Tasche gehabt hatte.

Vielleicht wäre die Sache noch gut ausgegangen, aber es war just um die Mittagszeit, und da kam Herr Dörfelt mit dem Wagen angefahren.

Ich zog mich sofort zurück, doch Elli, meine Schwester, die mittags zum Essen heimkommt, fiel Herrn Dörfelt in die Hände. Er schlug ihr ins Gesicht und zerriss dabei ihren Rock. Das Geschrei lockte unsere Mutter ans Fenster, und als sie sah, wie Herr Dörfelt mit Elli umging, warf unsere Mutter mit Blumentöpfen nach ihm. Von Stund an herrschte erbitterte Feindschaft zwischen den Familien.

Weil wir nun Dörfelts nicht über den Weg trauen, installierte Herbert, mein ältester Bruder, der bei einem Optiker in die Lehre geht, ein Scherenfernrohr am Küchenfenster. Da konnte unsere Mutter, waren wir andern alle unterwegs, die Dörfelts beobachten.

Augenscheinlich verfügten diese über ein ähnliches Instrument, denn eines Tages schossen sie von drüben mit einem Luftgewehr herüber. Ich erledigte das feindliche Fernrohr dafür mit einer Kleinkaliberbüchse. An diesem Abend ging unser Volkswagen unten im Hof in die Luft. Unser Vater, der als Oberkellner im hochrenommierten Café Imperial arbeitete, nicht schlecht verdiente und immer für den Ausgleich eintrat, meinte, wir sollten uns jetzt an die Polizei wenden.

Aber unserer Mutter passte das nicht, denn Frau Dörfelt verbreitete in der ganzen Straße, wir, das heißt, unsere gesamte Familie, seien derart schmutzig, dass wir mindestens zweimal jede Woche badeten und für das hohe Wassergeld, das die Mieter zu gleichen Teilen zahlen müssen, verantwortlich wären.

Wir beschlossen also, den Kampf aus eigener Kraft in aller Härte aufzunehmen. Auch konnten wir nicht mehr zurück, verfolgte doch die gesamte Nachbarschaft gebannt den Fortgang des Streites.

Am nächsten Morgen schon wurde die Straße durch ein mörderisches Geschrei geweckt.

Wir lachten uns halbtot, Herr Dörfelt, der früh als erster das Haus verließ, war in eine tiefe Grube gefallen, die sich vor der Haustür erstreckte.

Er zappelte ganz schön in dem Stacheldraht, den wir gezogen hatten; nur mit dem linken Bein zappelte er nicht, das hielt er fein still, das hatte er sich gebrochen.

Bei alledem konnte der Mann noch von Glück sagen – denn für den Fall, dass er die Grube bemerkt und umgangen hätte, war der Zünder einer Plastikbombe mit dem Anlasser seines Wagens verbunden. Damit ging kurze Zeit später Klunker-Paul, ein Untermieter von Dörfelts, hoch, der den Arzt holen wollte.

Es ist bekannt, dass die Dörfelts leicht übelnehmen. So gegen zehn Uhr begannen sie unsere Hausfront mit einem Flakgeschütz zu bestreichen. Sie mussten sich erst einschießen, und die Einschläge befanden sich nicht alle in der Nähe unserer Fenster.

Das konnte uns nur recht sein, denn jetzt fühlten sich auch die anderen Hausbewohner geärgert, und Herr Lehmann, der Hausbesitzer, begann um den Putz zu fürchten. Eine Weile sah er sich die Sache an, als aber zwei Granaten in seiner Stube krepierten, wurde er nervös und übergab uns den Schlüssel zum Boden.

Wir robbten sofort hinauf und rissen die Tarnung von der Atomkanone. Es lief alles wie am Schnürchen, wir hatten den Einsatz oft genug geübt. Die werden sich jetzt ganz schön wundern, triumphierte unsere Mutter und kniff als Richtkanonier das rechte Auge fachmännisch zusammen.

Als wir das Rohr genau auf Dörfelts Küche eingestellt hatten, sah ich drüben gegenüber im Bodenfenster ein gleiches Rohr blinzeln, das hatte freilich keine Chance mehr, Elli, unsere Schwester, die den Verlust ihres Rockes nicht verschmerzen konnte, hatte zornroten Gesichts das Kommando „Feuer!" erteilt.

Mit einem unvergesslichen Fauchen verließ die Atomgranate das Rohr, zugleich fauchte es auch auf der Gegenseite. Die beiden Geschosse trafen sich genau in der Straßenmitte.

Natürlich sind wir nun alle tot, die Straße ist hin, und wo unsere Stadt früher stand, breitet sich jetzt ein graubrauner Fleck aus.

Aber eins muss man sagen, wir haben das Unsere getan, schließlich kann man sich nicht alles gefallen lassen.

Die Nachbarn tanzen einem sonst auf der Nase herum.

D_L	Name: ______________________	Datum: ______________

Lesetest: Nicht alles gefallen lassen

LKS 1

❶ Wie heißt die Familie in der Geschichte? Kreuze richtig an. (1)

☐ Dorfmüller ☐ Dörfel ☐ Dörfett ☐ Dörfelt ☐ Börfelt ☐ Döfelt

LKS 2

❷ Welche Aussagen stimmen? Kreuze diese an. (3)

☐ Die Nachbarn ärgern sich und ziehen weg.

☐ Die Familien sind für die Vernichtung der Stadt verantwortlich.

☐ Beide Familien feiern ein Fest und tanzen miteinander.

☐ Beide Familien stehen sich am Ende der Geschichte als Todfeinde gegenüber.

☐ Beide Familien vertragen sich und entschuldigen sich für ihr Fehlverhalten.

☐ Der Streit begann mit der Bezeichnung „Schlampe".

☐ Die beiden Familien waren sich schon immer feindlich gesinnt.

LKS 3

❸ Im Wörterpuzzle sind acht schwierige Wörter versteckt, die im Text vorkommen. Finde die Wörter heraus. Sie können waagrecht und senkrecht, aber auch in Gegenrichtung versteckt sein. (8)

D	N	E	H	C	I	E	R	T	S	E	B	O	S	L	X	L	E
B	E	R	I	C	H	T	K	A	N	O	N	I	E	R	S	I	V
J	S	G	Z	T	Ü	H	C	S	E	G	K	A	L	F	H	Ö	G
S	H	A	T	O	M	G	R	A	N	A	T	E	O	Q	G	N	L
S	C	H	E	R	E	N	F	E	R	N	R	O	H	R	T	G	Ä
N	E	T	R	E	I	M	M	O	N	E	R	H	C	O	H	F	K
A	B	R	B	R	I	K	R	K	R	E	P	I	E	R	T	E	N
E	S	H	C	Ü	B	R	E	B	I	L	A	K	N	I	E	L	K

LKS 3

❹ Die gesuchten Wörter sind aus dem Wörterpuzzle von oben entnommen. Trage sie bei der richtigen Bedeutung ein. Alle Zeitwörter stehen dabei in der Grundform. (7)

1. anderes Wort für Schuss
2. optisches Gerät
3. Flugabwehrkanone
4. Patronen unter 7 mm Durchmesser
5. eine techn. Vorrichtung einbauen
6. Bereich unter Beschuss nehmen
7. bersten, zerbersten; sterben (ugs.)

K											
I											

DL | Lösung:

Lesetest: Nicht alles gefallen lassen

LKS 1

❶ Wie heißt die Familie in der Geschichte? Kreuze richtig an. (1)

☐ Dorfmüller ☐ Dörfel ☐ Dörfett ☒ Dörfelt ☐ Börfelt ☐ Döfelt

LKS 2

❷ Welche Aussagen stimmen? Kreuze diese an. (3)

☐ Die Nachbarn ärgern sich und ziehen weg.

☒ Die Familien sind für die Vernichtung der Stadt verantwortlich.

☐ Beide Familien feiern ein Fest und tanzen miteinander.

☒ Beide Familien stehen sich am Ende der Geschichte als Todfeinde gegenüber.

☐ Beide Familien vertragen sich und entschuldigen sich für ihr Fehlverhalten.

☒ Der Streit begann mit der Bezeichnung „Schlampe“.

☐ Die beiden Familien waren sich schon immer feindlich gesinnt.

LKS 3

❸ Im Wörterpuzzle sind acht schwierige Wörter versteckt, die im Text vorkommen. Finde die Wörter heraus. Sie können waagrecht und senkrecht, aber auch in Gegenrichtung versteckt sein. (8)

D	N	E	H	C	I	E	R	T	S	E	B	O	S	L	X	L	E
B	E	R	I	C	H	T	K	A	N	O	N	I	E	R	S	I	V
J	S	G	Z	T	Ü	H	C	S	E	G	K	A	L	F	H	Ö	G
S	H	A	T	O	M	G	R	A	N	A	T	E	O	Q	G	N	L
S	C	H	E	R	E	N	F	E	R	N	R	O	H	R	T	G	Ä
N	E	T	R	E	I	M	M	O	N	E	R	H	C	O	H	F	K
A	B	R	B	R	I	K	R	K	R	E	P	I	E	R	T	E	N
E	S	H	C	Ü	B	R	E	B	I	L	A	K	N	I	E	L	K

LKS 3

❹ Die gesuchten Wörter sind aus dem Wörterpuzzle von oben entnommen. Trage sie bei der richtigen Bedeutung ein. Alle Zeitwörter stehen dabei in der Grundform. (7)

1. anderes Wort für Schuss					G	E	S	C	H	O	S	S
2. optisches Gerät			F	E	R	N	R	O	H	R		
3. Flugabwehrkanone			F	L	A	K						
4. Patronen unter 7 mm Durchmesser	K	L	E	I	N	K	A	L	I	B	E	R
5. eine techn. Vorrichtung einbauen	I	N	S	T	A	L	L	I	E	R	E	N
6. Bereich unter Beschuss nehmen		B	E	S	T	R	E	I	C	H	E	N
7. bersten, zerbersten; sterben (ugs.)			K	R	E	P	I	E	R	E	N	

D$_L$ Name: ______________________ Datum: ______________________

❺ Wenn du die Buchstaben richtig sortierst, erhältst du den Begriff, mit dem man die stufenweise Steigerung von Konflikten bezeichnet. (2)

S L A N I K T O E A = ☐☐☐☐☐☐☐☐☐☐

❻ Diese Zunahme der Gewalt zeigt sich auch in den angewandten Mitteln. Zähle sie vom Beginn bis zum Ende auf. (15)

____

____

____

____

____

❼ Wo lässt sich Gewalt nicht mehr kontrollieren? Beschreibe das Bild und kommentiere es unter der obigen Aussage. (3)

____

____

____

____

❽ „Sich nicht alles gefallen lassen". Schildere kurz eine Situation aus deinem Erfahrungsbereich, für den diese Aussage zutrifft. (4)

____

____

____

____

____

❾ Kennst du eine Situation – vielleicht aus deinem Erlebnis- und Erfahrungsbereich –, in der Gewalt nicht eskalieren konnte, weil besonnenes oder mutiges Verhalten das verhindern konnte? Schreibe kurz in Stichpunkten. (4)

____

____

____

❿ Welche der folgenden Redensarten treffen den Kern der Geschichte? Kreuze an, welche Redensarten nicht zur Geschichte passen. (3)

- ☐ „sich nicht unterbuttern lassen"
- ☐ „etwas nicht auf sich sitzen lassen"
- ☐ „sich ins Fettnäpfchen setzen"
- ☐ „mit den Wölfen heulen"
- ☐ „ein Duckmäuser sein"
- ☐ „jemandem die Krallen zeigen"

DL Lösung:

❺ Wenn du die Buchstaben richtig sortierst, erhältst du den Begriff, mit dem man die stufenweise Steigerung von Konflikten bezeichnet. (2)

S L A N I K T O E A = E S K A L A T I O N

❻ Diese Zunahme der Gewalt zeigt sich auch in den angewandten Mitteln. Zähle sie vom Beginn bis zum Ende auf. (15)

„Schlampe" → Prügelei der Kinder → Stülpen der Einkaufstasche über den Kopf → Schlägerei → Werfen mit Blumentöpfen → Installieren eines Fernrohrs → Luftgewehr → Zerschießen des Fernrohrs → Sprengen des VWs ohne Insasse → Fallgrube → Sprengen des Autos mit Insasse (Klumker-Paul) → Geschütze → Granaten → Atomkanonen → Tod

❼ Wo lässt sich Gewalt nicht mehr kontrollieren? Beschreibe das Bild und kommentiere es unter der obigen Aussage. (3)

Zwei Demonstranten werfen Steine auf Polizisten. Demonstrationen verlaufen in der Regel friedlich, denn sie gehören zum Recht der freien Meinungsäußerung. Allerdings eskalieren sie dann, wenn gewaltbereite, oft vermummte Gruppen daran teilnehmen.

❽ „Sich nicht alles gefallen lassen". Schildere kurz eine Situation aus deinem Erfahrungsbereich, für den diese Aussage zutrifft. (4)

Vor kurzem kritzelte mein Nachbar Johannes in der Zwischenpause „Depp" auf meinen Block. Daraufhin stieß ich sein Mäppchen so heftig von der Bank, dass alle Stifte herauskullerten. Ehe ich reagieren konnte, versetzte mir Johannes einen deftigen Schlag auf meinen linken Oberarm. Mit einem gewaltigen Stoß beförderte ich ihn mitsamt Stuhl zu Boden. Kaum aufgestanden, schlugen wir aufeinander ein, ehe uns einige Mitschüler trennten.

❾ Kennst du eine Situation – vielleicht aus deinem Erfahrungsbereich oder aus Medienberichten –, in der Gewalt nicht eskalieren konnte, weil besonnenes oder mutiges Verhalten das verhindern konnte? Schreibe kurz in Stichpunkten. (4)

Ein Sexualverbrecher versuchte vor kurzem ein kleines Mädchen in ein Gebüsch zu ziehen. Eine Rentnerin mit 80 Jahren beobachtete das. Sie schrie laut um Hilfe, rannte auf den Mann zu und packte ihn am Arm. Der Täter stieß die alte Frau zu Boden und flüchtete.

❿ Welche der folgenden Redensarten treffen den Kern der Geschichte? Kreuze an, welche Redensarten nicht zur Geschichte passen. (3)

- ☐ „sich nicht unterbuttern lassen"
- ☐ „etwas nicht auf sich sitzen lassen"
- ☒ „sich ins Fettnäpfchen setzen"
- ☒ „mit den Wölfen heulen"
- ☒ „ein Duckmäuser sein"
- ☐ „jemandem die Krallen zeigen"

Mobbing in der Schule
Auswirkungen, Ursachen und Maßnahmen

Mobbing ist kein neues Phänomen. Es ist auch in Schulen weit verbreitet, wobei es nicht verwechselt werden darf mit kurzzeitigen Konflikten, Streitereien, aggressiven Auseinandersetzungen oder Ausgrenzungen unter Kindern und Erwachsenen.

Häufig sind die Erwachsenen ratlos oder schauen weg, während die Opfer, egal ob Kinder oder Erwachsene, die Schuld bei sich selbst suchen und zunehmend in eine soziale Isolation geraten. Lehrkräfte sind meist überrascht, wenn man sie auf Mobbing in einer Klasse anspricht. Denn die Schikanen geschehen oft zu subtil und meist außerhalb des Unterrichts, während der Pausen oder auf dem Schulweg.

Je länger Mobbing andauert, um so schwieriger ist es, eine Lösung zu finden und um so sicherer ist die körperliche oder seelische Beeinträchtigung der betroffenen Kinder oder Erwachsenen.

Definition

Der Begriff Mobbing stammt aus dem Englischen und bedeutet anpöbeln, fertigmachen (mob = Pöbel). Mobbing ist eine Form offener und/oder subtiler Gewalt gegen Personen über längere Zeit mit dem Ziel der sozialen Ausgrenzung. Es kann sich dabei um verbale und/ oder physische Gewalt handeln. Mobbing unter Schülern bezeichnet alle böswilligen Handlungen, die kein anderes Ziel haben, als eine Mitschülerin oder einen Mitschüler fertig zu machen. Dazu gehören als direktes Mobbing z. B. Hänseln, Drohen, Abwerten, Beschimpfen, Herabsetzen, Bloßstellen, Schikanieren, als indirektes Mobbing z. B. Ausgrenzen, Ruf schädigen, „Kaltstellen" durch das Vorenthalten von Informationen und Beschädigen von Eigentum der gemobbten Person u. ä.

Davon unterschieden wird das Bullying, die unter Jugendlichen praktizierte physische Gewalt, mit der bestimmte Opfer durch ihnen körperlich überlegene Mitschüler gequält werden.

Auswirkungen

Zunächst ist Mobbing auch dadurch wirksam, dass die Opfer das „Problem" erst einmal bei sich selbst suchen, und dies oft über längere Zeit. Nur selten informiert ein Schüler oder eine Schülerin einen Lehrer oder erzählt den Eltern, was tagtäglich passiert. Die Folgen wirken sich auf die gesamte Persönlichkeit aus: Zum Verlust des Selbstvertrauens (nicht nur im Leistungsbereich) können Schlafstörungen und Konzentrationsprobleme kommen. Durch die wahrgenommene Isolierung und Einsamkeit entwickeln sich depressive Tendenzen und Passivität. Die Lernmotivation nimmt ab bis zu Lernunlust und Schulvermeidung.

Bei jugendlichen Betroffenen können folgende Verhaltensweisen mögliche Anzeichen für Mobbing sein:

- Sie wollen nicht mehr zur Schule gehen.
- Sie wollen zur Schule gefahren werden.
- Ihre schulische Leistung lässt nach.
- Sie verlieren Geld (das Geld wird von den Tätern erpresst).
- Sie können oder wollen keine schlüssige Erklärung für ihr Verhalten geben.
- Sie beginnen zu stottern.
- Sie ziehen sich zurück.
- Sie haben Alpträume.
- Sie begehen einen Selbstmordversuch.

Häufigkeit

Mobbing kommt in allen Altersstufen vor:

① In der Unterstufe scheint häufiger Bullying als Ausgrenzung aufzutreten, wenn (sportlich ungeschicktere, „brav" aussehende) Mitschüler körperliche „Unzulänglichkeiten" zeigen.

② In der Mittelstufe bestimmen Mode-Normen (Markenkleidung), Verhaltensnormen im Unterricht („Streber!") und beginnende gegengeschlechtliche Freundschaften (Eifersucht, Rivalität) das Mobbing.

③ In der Oberstufe scheint auch der Konkurrenzdruck in Gestalt der Punkte-Jagd eine Rolle zu spielen.

Jungen neigen eher zu offener Aggression und greifen ihr Gegenüber körperlich oder verbal an, während Mädchen eher subtilere Formen wie Manipulation, Gerüchte verbreiten oder soziales Ausgrenzen verwenden; dies wird auch als Beziehungsaggression bezeichnet.

Ursachen von Mobbing

Entsprechend den Untersuchungen aus der Arbeitswelt können auch im Schulbereich folgende Ursachen von Mobbing benannt werden:

① Mobbing als Versagen der Führungskraft: Im Schulbereich ist damit gemeint, dass die Lehrkraft oder Schulleitung mit diesem Problem nicht kompetent umgeht, mitunter sogar aktiv am Mobbingprozess beteiligt ist. Oft wird die Deutung eines Verhaltens als Mobbing auch abgewehrt: Das Opfer „übertreibt", ist „zu sensibel" oder durch sein eigenes Verhalten „selbst schuld". Vielen Lehrkräften erscheint das Verhalten als der Altersstufe entsprechend „normal" („Zu unserer Zeit war das genauso!").

② Eine wichtige Rolle spielen gruppendynamische Gesichtspunkte:
Eine neu zusammengewürfelte Klasse, der oder die „Neue" in einer Klasse, aber auch persönliche Aspekte des Täters (Rachebedürfnis, Eifersucht, Konkurrenz etc.) bilden den Motivhintergrund.

③ Im Allgemeinen ist Mobbing ein Kennzeichen für gestörte Kommunikation:
Die Opfer werden isoliert, die Täter bekommen keine Rückmeldung über die Auswirkungen ihrer Schikane, und die passiven „Beobachter" sind ratlos, haben Angst oder zeigen auch in gewisser Weise Lust am Zuschauen.

Maßnahmen gegen Mobbing

Von Mobbing-Situationen Betroffene brauchen Unterstützung von Außen, denn Mobbing-Opfer können sich meist nicht mehr selbst wehren.

① Schüler/innen sollen den Mut haben, sich an eine Person wenden, die helfen kann (Lehrer, Schulpsychologen, Eltern, Freunde, Außenstehende, Beratungsstelle). Viele Opfer schämen sich, dass sie gemobbt werden und leiden still vor sich hin. Es ist jedoch wichtig, dass sie erwachsenen Personen, denen sie vertrauen, von Mobbing-Vorfällen erzählen. Auch der Kontakt mit Betroffenen im Internet kann helfen, das Selbstbewusstsein wieder zu gewinnen und Wege aus der Opferspirale zu finden.

② Lehrer/innen sollten klar Standpunkt beziehen und versuchen, zumindest den „zusehenden" Mitschülern, möglichst aber auch den Tätern einen Perspektivenwechsel zu ermöglichen und ihnen die psychischen Folgen für die Opfer in einer solchen Situation klar zu machen. Sie sollen Schüler ermutigen, über Mobbing-Vorfälle zu berichten. Opfer müssen geschützt und unterstützt werden, Täter sind zur Rede zu stellen und aktiv in die Lösung mit einzubeziehen. Klassenregeln sollten als vorbeugende Maßnahmen gegen Mobbing vereinbart werden.

③ In Einzelfällen kann auch mit dem Jugendamt, der Erziehungsberatungsstelle oder einer anderen Beratungseinrichtung (durch Fallbesprechung oder Betreuung betroffener Familien oder Kindern/Jugendlichen) zusammengearbeitet werden.

④ Eltern sollten die Warnsignale von Mobbing kennen. Sie sollten das Kind ernst nehmen, wenn es z. B. nicht mehr in die Schule gehen will, morgens Magenschmerzen hat, Albträume hat, viel krank ist oder Schulsachen beschädigt nach Hause bringt. Bei Mobbing-Verdacht sollten sie nicht vorschnell mit dem Täter Kontakt aufnehmen, sondern die Schule informieren und fordern, dass gehandelt wird. Notfalls können sie sich auch an die Schulleitung, den Elternbeirat oder eine Beratungsstelle wenden.

Allgemein sollten in Schulen vorbeugende Maßnahmen gegen Gewalt und Mobbing durchgeführt werden und Projekte unterstützt werden, die das Schulklima verbessern und eine offene Atmosphäre und faire konstruktive Gesprächs- und Streitkultur ermöglichen. Dies kann in Projekten, Elternabenden, Konferenzen, Vorträgen etc. geschehen.

Annemarie Renges, Mobbing in der Schule (Auszug).
Aus: Familienhandbuch des Staatsinstituts für Frühpädagogik (IFP)
© Bayerisches Staatsministerium für Arbeit und Sozialordnung, Familie und Frauen

D_L	Name: ____________________	Datum: ______________

Mobbing in der Schule

LKS 1

❶ Was ist „Mobbing unter Schülern"? Schreibe die Stelle heraus, wo dieser Begriff erklärt wird. Gib auch die Zeilen an.

____

____

____

LKS 2

❷ Was ist „direktes Mobbing"? Welche Aussagen stimmen? Kreuze diese an.

☐ jemanden ausgrenzen
☐ jemandem drohen oder jemanden beschimpfen
☐ den Ruf eines anderen schädigen
☐ das Eigentum der gemobbten Person schädigen
☐ jemanden abwerten oder bloßstellen
☐ jemanden schikanieren

LKS 3

❸ Ordne durch Pfeilverbindung richtig zu. Mobbing stellt sich dar

in der Unterstufe •	• als Rivalitätsdenken (Mode, Partnerschaft, Leistungen)
in der Mittelstufe •	• als Konkurrenzdruck (kompromissloses Leistungsdenken)
in der Oberstufe •	• als Ausgrenzung von Schülern mit körperlichen „Defiziten"

LKS 4

❹ In welchen Zeilen kommen diese Fremdwörter vor? Kläre ihre Bedeutung.

Zeile _____: Schikane _______________________________

Zeile _____: Phänomen _______________________________

Zeile _____: Tendenz _______________________________

Zeile _____: verbal _______________________________

Zeile _____: Aspekt _______________________________

Zeile _____: kompetent _______________________________

Zeile _____: Manipulation _______________________________

Zeile _____: sensibel _______________________________

Zeile _____: physisch _______________________________

Zeile _____: Bullying _______________________________

Zeile _____: subtil _______________________________

Zeile _____: Isolation _______________________________

Zeile _____: Passivität _______________________________

Zeile _____: depressiv _______________________________

Zeile _____: psychisch _______________________________

Zeile _____: konstruktiv _______________________________

DL | Lösung:

Mobbing in der Schule

LKS 1

❶ Was ist „Mobbing unter Schülern“? Schreibe die Stelle heraus, wo dieser Begriff erklärt wird. Gib auch die Zeilen an.

Mobbing unter Schülern bezeichnet alle böswilligen Handlungen, die kein anderes Ziel haben, als eine Mitschülerin oder einen Mitschüler fertig zu machen. (Zeilen 28–32)

LKS 2

❷ Was ist „direktes Mobbing“? Welche Aussagen stimmen? Kreuze diese an.

☐ jemanden ausgrenzen	☒ jemandem drohen oder jemanden beschimpfen
☐ den Ruf eines anderen schädigen	☐ das Eigentum der gemobbten Person schädigen
☒ jemanden abwerten oder bloßstellen	☒ jemanden schikanieren

LKS 3

❸ Ordne durch Pfeilverbindung richtig zu. Mobbing stellt sich dar

in der Unterstufe •	• als Rivalitätsdenken (Mode, Partnerschaft, Leistungen)
in der Mittelstufe •	• als Konkurrenzdruck (kompromissloses Leistungsdenken)
in der Oberstufe •	• als Ausgrenzung von Schülern mit körperlichen „Defiziten“

LKS 4

❹ In welchen Zeilen kommen diese Fremdwörter vor? Kläre ihre Bedeutung.

Zeile *13*: Schikane	*absichtlich gestellte Schwierigkeit*
Zeile *1*: Phänomen	*Erscheinung; seltene, auffällige Erscheinung; Besonderheit*
Zeile *55*: Tendenz	*Neigung; erkennbare Absicht; Trend, Richtung*
Zeile *27*: verbal	*mit Worten, mithilfe der Sprache*
Zeile *113*: Aspekt	*Gesichtspunkt, Betrachtungsweise, Blickpunkt, Sichtweise*
Zeile *100*: kompetent	*zuständig, fähig, fachkundig*
Zeile *89*: Manipulation	*Beeinflussung; unerwünschte, verbotene Veränderung von etwas*
Zeile *104*: sensibel	*empfindlich, überempfindlich*
Zeile *28*: physisch	*körperlich, materiell*
Zeile *39*: Bullying	*praktizierte körperliche Gewalt über einen längeren Zeitraum*
Zeile *14*: subtil	*zart, fein; detailliert; spitzfindig, scharfsinnig; unterschwellig*
Zeile *10/11*: Isolation	*Abgeschiedenheit, Abkapselung*
Zeile *56*: Passivität	*Antriebslosigkeit, Bequemlichkeit, Faulheit*
Zeile *55*: depressiv	*niedergeschlagen, betrübt, freudlos, schwermütig, verzweifelt*
Zeile *144*: psychisch	*seelisch*
Zeile *175*: konstruktiv	*dienlich, förderlich, eine positive Haltung einnehmend*

D L	Name: ______________________	Datum: ______________

❺ Viele Verhaltensweisen können bei Kindern und Jugendlichen Anzeichen für Mobbing sein. Finde sie heraus und streiche die falschen Aussage durch. (LKS 4)

haben Alpträume – reden pausenlos – verfügen über genügend Geld – stellen sich in den Vordergrund – gehen ungern in die Schule – machen auf dem Schulweg einen Umweg – beginnen zu stottern – werden bei Spielen oft als letzter gewählt – freuen sich auf die Schule – wirken deprimiert und unglücklich – schlafen fest und tief – ziehen sich zurück – können Prellungen und Verstauchungen nicht schlüssig erklären – steigern in der Schule ihre Leistung – sind in der Pause als Spielpartner gefragt – bitten um mehr Taschengeld oder nehmen es aus der Haushaltskasse – sind zumeist Mannschaftsführer – begehen Selbstmordversuche – werden bevorzugt behandet – lassen in ihrer schulischen Leistung stark nach – versprühen Lebensfreude – stehen oft alleine herum oder suchen die Nähe des Lehrers – werden immer auf Partys eingeladen – nehmen bei Streitigkeiten die Verliererrolle ein – man nimmt ihnen Kleidung oder Bücher weg – wirken absolut selbstbewusst

❻ Betrachte das Bild und schreibe kurz die Absicht des Zeichners auf. (LKS 4)

____

____

____

____

❼ „Eine Million Kinder in Deutschland sind Mobbingopfer! Tendez steigend!" Äußere dich kurz zu dieser Aussage. (LKS 4)

____

____

____

❽ Für das Wort „mobben" gibt es eine Menge anderer Wörter. Finde einige heraus. (LKS 4)

____

____

❾ Erfinde ein Wörtergedicht (Achrostichon) nach folgendem Muster. Es soll aber nur Begriffe enthalten, die beim Mobbing Abhilfe schaffen können. (LKS 5)

DE**M**ÜTIGEN — **M**
ANM**O**TZEN — **O**
SEL**B**STMORD — **B**
BELEIDIGEN — **B**
INTR**I**GEN — **I**
NEID — **N**
MISS**G**UNST — **G**

D_L Lösung:

❺ Viele Verhaltensweisen können bei Kindern und Jugendlichen Anzeichen für Mobbing sein. Finde sie heraus und streiche die falschen Aussage durch.

haben Alpträume – ~~reden pausenlos~~ – ~~verfügen über genügend Geld~~ – ~~stellen sich in den Vordergrund~~ – gehen ungern in die Schule – machen auf dem Schulweg einen Umweg – beginnen zu stottern – werden bei Spielen oft als letzter gewählt – ~~freuen sich auf die Schule~~ – wirken deprimiert und unglücklich – ~~schlafen fest und tief~~ – ziehen sich zurück – können Prellungen und Verstauchungen nicht schlüssig erklären – ~~steigern in der Schule ihre Leistung~~ – ~~sind in der Pause als Spielpartner gefragt~~ – bitten um mehr Taschengeld oder nehmen es aus der Haushaltskasse – ~~sind zumeist Mannschaftsführer~~ – begehen Selbstmordversuche – ~~werden bevorzugt behandet~~ – lassen in ihrer schulischen Leistung stark nach – ~~versprühen Lebensfreude~~ – stehen oft alleine herum oder suchen die Nähe des Lehrers – ~~werden immer auf Partys eingeladen~~ – nehmen bei Streitigkeiten die Verliererrolle ein – man nimmt ihnen Kleidung oder Bücher weg – ~~wirken absolut selbstbewusst~~

❻ Betrachte das Bild und schreibe kurz die Absicht des Zeichners auf.

Die sieben Jugendlichen mustern den auf dem Boden kauernden Jungen mit abschätzigen Blicken. Diesem erscheinen die Schatten wie wilde Tiere, die ihm Angst machen. Mobbing ist furchterregend und grenzt aus.

❼ „Eine Million Kinder in Deutschland sind Mobbingopfer! Tendez steigend!" Äußere dich kurz zu dieser Aussage.

Die Zahl der Mobbingopfer ist erschreckend hoch. Aufgrund dieser Tatsache müssen schnellstens Maßnahmen ergriffen werden, um das Problem in den Griff zu bekommen.

❽ Für das Wort „mobben" gibt es eine Menge anderer Wörter. Finde einige heraus.

ärgern, hänseln, anmotzen, veräppeln, aufziehen, veralbern, anpflaumen, anmeckern, schwach anreden, dumm anmachen, ausschließen, stänkern, sticheln

❾ Erfinde ein Wörtergedicht (Achrostichon) nach folgendem Muster. Es soll aber nur Begriffe enthalten, die beim Mobbing Abhilfe schaffen können.

DE**M**ÜTIGEN	ER**M**UTIGUNG
AN**O**TZEN ~~ ~~	T**O**LERANZ
SEL**B**STMORD	AB**B**ITTE
BELEIDIGEN	LO**B**EN
INTR**I**GEN	E**I**NLADUNG
NEID	A**N**SPRECHEN
MISS**G**UNST	BE**G**LEITEN

Erst fielen die Mauern, dann das System

Der Sturm auf die Bastille war das Zeichen für den Aufstand

Seit Tagen bereits ist ganz Paris ein Hexenkessel. Der König hat den populären Minister Necker gefeuert und treu ergebene Truppen nach Versailles beordert, wo sich die neue Nationalversammlung soeben zur „selbstständigen Gestalterin der Geschicke Frankreichs" aufgeschwungen hat. Nun sieht es so aus, als ob der „Allerchristlichste König Europas" dem demokratischen Spuk mit Waffengewalt ein Ende zu bereiten gedenkt. Für die brodelnde 600 000-Einwohner-Metropole ist dies das Signal zum Aufstand.

Volksredner schüren die Furcht vor einem Befreiungsschlag des in die Enge getriebenen Herrschers über 25 Millionen Menschen, Zehntausende machen sich säbelrasselnd auf die Suche nach Getreide (Brot ist knapp und teuer, viele hungern) und Waffen. In dieser aufgeheizten Stimmung findet am 14. Juli 1789 der Sturm auf die Bastille statt, deren Türme 30 Meter hoch in den Himmel ragen und die seit eh und je verhasstes Symbol königlicher Willkürherrschaft ist.

Grausame Rache

Nur fünf Kriminelle und zwei Geisteskranke sitzen an diesem Tag in dem düsteren Staatsgefängnis ein, der Monarch geht längst sparsam mit seinen geheimen Verhaftungsbefehlen um. Munition freilich ist dort reichlich zu erbeuten. Der Kommandant der Bastille, de Launay, lässt schießen, 98 Angreifer sterben. Doch der Sturm ist nicht aufzuhalten, ist rasch geglückt. Nun übt die Menge grausame Rache. Der Kopf de Launays wird, auf eine Pike gespießt, durch die Straßen getragen; ein ehemaliger Minister an einem Laternenpfahl erhängt – die ersten in einer endlos langen Kette schauriger Ereignisse, die Frankreichs Weltgeschichte machenden Umsturz umschatten werden.

Der 14. Juli 1789, noch 200 Jahre danach der Stolz der Franzosen, hat eine lange Vorgeschichte. Die Revolution beginnt Jahre vorher mit dem Aufruhr des Adels, des Zweiten Standes im tausendjährigen Königreich. Diese verschwindend kleine Minderheit blockiert die zaghaften Reformversuche Ludwigs XVI. und verteidigt ihre Privilegien mit Zähnen und Klauen. Die hohen Herren wollen auch künftig keine Steuern zahlen und weiterhin auf Kosten des sogenannten Dritten Standes, dem 95 Prozent der Bevölkerung angehören, ihr süßes Leben leben. Der Erste Stand, der Klerus, hat naturgemäß ebenfalls keine Lust auf Experimente. Unermesslich reich ist die Kirche, die den großteils armen Bauern ihrerseits noch den Zehnten abpresst und sich allenfalls zu freiwilligen Abgaben an die Staatskasse bequemt. Als der miserabel verwaltete, durch Ämterverkauf korrumpierte Staat schließlich vor dem Bankrott steht, ruft Ludwig die Generalstände nach Versailles. Die 1200 Adligen, Geistlichen und Bürger sollen neue Finanzquellen erschließen helfen.

Aber dann, vier Wochen vor dem Sturm auf die Bastille, passiert das Ungeheuerliche: Der bis dahin politisch bedeutungslose Dritte Stand erklärt sich mit Hilfe etlicher liberaler Überläufer aus dem Lager des Adels und des Klerus zur verfassunggebenden „Nationalversammlung". Der wortgewaltige Graf Mirabeau ist der Held des Bürgertums, das seit langem beseelt ist von den in unzähligen Klubs diskutierten aufklärerischen Ideen eines Voltaire oder Rousseau. „Volkssouveränität" heißt nun die Parole, man will dem König ein- für allemal Zügel anlegen und auf ein parlamentarisches System hinaus.

Es ist ein Ereignis mit weit reichenden geschichtlichen Folgen. „Damals begann der bürgerliche Staat", urteilt der Augsburger Historiker Professor Wolfgang Reinhard, „der Durchschnittsmensch hat von nun an mehr Chancen auf Teilnahme an politischen Entscheidungen". Die französischen Errungenschaften von 1789 seien „paragraphenweise im Grundgesetz unserer Bundesrepublik Deutschland nachweisbar".

Bürger an die Macht

Beflügelt vom Triumph der Pariser, bricht in ganz Frankreich der Aufstand los. In den Städten übernehmen die Bürger (Juristen und Freiberufler vor allem) die Macht, die Bauern stürmen Schlösser und Klöster und vernichten die Archive mit den Urkunden, die ihre unerträgliche Abgabenlast dokumentieren.

Die Nationalversammlung, aufgeschreckt durch die Attacken auf das auch von ihr geheiligte Eigentum, reagiert: In der „Opfernacht" des 4. August fällt das Ancien Regime, das uralte feudale Frankreich. Hohe Würdenträger wie der Herzog von Chatelet oder der Bischof von Chartres wetteifern geradezu im Verzicht auf angestammte Herrenrechte wie die Frondienste oder das alleinige Jagdrecht; staatliche Ämter stehen künftig allen Bürgern offen. Auch diese gesellschaftliche Umwälzung wird im benachbarten Deutschland alsbald Schule machen. 22 Tage später sorgt die Versammlung für einen weiteren tiefen Einschnitt in der europäischen Geschichte. Denn die formelle Erklärung der Menschen- und Bürgerrechte wird zur Bibel der politischen Moderne. „Die Menschen sind und bleiben von Geburt frei und gleich", heißt es darin, das Gemeinwesen müsse auf Meinungs- und Pressefreiheit sowie religiöse Toleranz gegründet sein. „Darauf kann man sich", so Professor Reinhard, „bis heute berufen". Was damals zu Papier gebracht worden sei, das lasse sich „in unserem Grundgesetz exakt nachvollziehen" und gehöre zu den charakteristischen Merkmalen heutiger Demokratie.

Absurd mutet an, dass die Revolutionäre nach diesen Großtaten ihren 35-jährigen König Ludwig zum „Wiederhersteller der französischen Einheit" ausrufen. Schließlich hat der phlegmatische Monarch, der die Jagd und das Basteln liebt und zum Herrschen in so stürmischen Zeiten nicht geschaffen ist, nur höchst widerstrebend in die gewaltigen Neuerungen eingewilligt. Aber noch ist eben von der Republik und der Abschaffung des Königtums nicht ernsthaft die Rede. Wenn sich der linkische, immer wieder den Einflüsterungen der höfischen Adelsclique erliegende Mann nun an die Spitze der Bewegung setzte, dann wäre sein Thron womöglich gerettet.

Fehlender Instinkt

Aber leider fehlt auch der Frau an seiner Seite, der schönen Königin Marie Antoinette (32), der politische Instinkt. Die Tochter Maria Theresias, nach guter Habsburger-Tradition im Alter von 14 Jahren mit dem künftigen Bourbonen-König vermählt, gibt sich sündteuren Vergnügungen hin und ist bevorzugtes Objekt zahlreicher Schmähschriften, die vor allem in den unteren Klassen den Hass auf das Königshaus schüren.

Anfang Oktober unterläuft dem König, der aus dem 14. Juli nichts gelernt zu haben scheint, erneut ein schwerer taktischer Fehler: Er zögert mit der förmlichen Sanktionierung der Verfassung, setzt stattdessen ein nordfranzösisches Regiment in Marsch Richtung Versailles. Es kommt zu einem neuen Aufruhr in Paris, verstärkt durch eine schlimme Lebensmittel-Versorgungskrise, die wieder Gerüchte von einem „aristokratischen Komplott" in Umlauf setzt. Tausende von Frauen ziehen hinaus nach Versailles vor das Königsschloss, fordern Brot und führen König und Königin tags darauf mit sanfter Gewalt heim nach Paris, wo sie – und kurz darauf auch die Nationalversammlung – von nun an unter der Aufsicht der radikalen Pariser Massen leben. „Die Männer", so urteilt später der große französische Historiker Michelet, „haben die königliche Bastille eingenommen, die Frauen haben das Königtum selbst überwunden."

Walter Roller

D L | Name: ______________________ | Datum: ______________________

Erst fielen die Mauern, dann das System

❶ Welches Ereignis – im Bild links dargestellt – fand am 14. Juli 1789 in Paris statt? Beschreibe es kurz.

____

____

____

____

❷ Wie hieß der Mann, der 1789 in Frankreich als Monarch regierte?

☐ Ludwig XIV. ☐ Napoleon ☐ Ludwig XVI. ☐ De Launay ☐ Mirebeau

❸ Wer war Bernard-René Jordan de Launay? Was geschah mit ihm?

____

____

____

____

❹ Wer gehörte zum Ersten, wer zum Zweiten und Dritten Stand?

____

____

❺ Was besagt die Karikatur links?

____

____

____

❻ Voltaire (1694–1778) und Jean-Jacques Rousseau (1712–1778) gelten als die wichtigsten geistigen Wegbereiter der Französischen Revolution. Welche grundsätzlichen Ideen vertraten beide im beginnenden Zeitalter der Aufklärung? Setze die Wörter unten richtig in die Lücken ein.

Gemeinwohl – Vernunft – Pressefreiheit – Toleranz – Menschenrechte

__________ als oberstes Urteilsprinzip; ____________ gegenüber anderen Religionen; die Ausdehnung der persönlichen Handlungsfreiheit; die Schaffung von ______________; die Garantie bürgerliche Rechte unter Zugrundelegung der allgemeinen ________________; die Verpflichtung des Staates, auf das ______________ zu achten

Erst fielen die Mauern, dann das System

❶ Welches Ereignis – im Bild links dargestellt – fand am 14. Juli 1789 in Paris statt? Beschreibe es kurz.

Das Bild zeigt die Erstürmung der Bastille, des Pariser Stadtgefängnisses. Dabei werden 98 Angreifer erschossen. Schon zwei Tage danach wird mit dem Abriss der Festung begonnen.

❷ Wie hieß der Mann, der 1789 in Frankreich als Monarch regierte?

☐ Ludwig XIV. ☐ Napoleon ☒ Ludwig XVI. ☐ De Launay ☐ Mirabeau

❸ Wer war Bernard-René Jordan de Launay? Was geschah mit ihm?

De Launay war Kommandant des Pariser Staatsgefängnisses. Nach einer Schießerei wird de Launay von der rasenden Volksmenge der Kopf abgeschlagen und auf eine Pike gespießt.

❹ Wer gehörte zum Ersten, wer zum Zweiten und Dritten Stand?

Erster Stand: Klerus (Geistlichkeit), Zweiter Stand: Adel, Dritter Stand: Bürger, Bauern

❺ Was besagt die Karikatur links?

Der Dritte Stand trägt die beiden anderen Stände. Mit der ihn niederdrückenden, gewaltigen Steuerlast finanziert er das prunkvolle Leben des Königshauses, des Adels und des Klerus.

❻ Voltaire (1694–1778) und Jean-Jacques Rousseau (1712–1778) gelten als die wichtigsten geistigen Wegbereiter der Französischen Revolution. Welche grundsätzlichen Ideen vertraten beide im beginnenden Zeitalter der Aufklärung? Setze die Wörter unten richtig in die Lücken ein.

Gemeinwohl – Vernunft – Pressefreiheit – Toleranz – Menschenrechte

Vernunft als oberstes Urteilsprinzip; *Toleranz* gegenüber anderen Religionen; die Ausdehnung der persönlichen Handlungsfreiheit; die Schaffung von *Pressefreiheit*; die Garantie bürgerliche Rechte unter Zugrundelegung der allgemeinen *Menschenrechte*; die Verpflichtung des Staates, auf das *Gemeinwohl* zu achten

D L	Name: ______________________	Datum: ______________

❼ Welche Bedeutung haben folgende Fremdwörter? Lies die Wörter im Textzusammenhang. Verbinde sie dann richtig mit den deutschen Bedeutungen.

Symbol (Z. 22) •	• adelig
Klerus (Z. 53/54) •	• bestechlich, verderblich
korrumpiert (Z. 60) •	• träge; langsam im Denken und Handeln
Volkssouveränität (Z. 75) •	• Geschichtsforscher
Historiker (Z. 81/82) •	• widersinnig, abwegig, sinnlos
Ancien Regime (Z. 100) •	• Zustimmung, Bestätigung, Billigung
feudal (Z. 101) •	• ungeschickt, unbeholfen
absurd (Z. 124) •	• Sinnbild, grafische Darstellung eines Sinnbilds
phlegmatisch (Z. 128) •	• vornehm; glanzvoll; den Adel betreffend
linkisch (Z. 135) •	• uneingeschränkte Herrschaft des Volkes
Sanktionierung (Z. 153) •	• Verschwörung; abgesprochenes Verbrechen
aristokratisch (Z. 159) •	• alte, monarchische Herrschaft
Komplott (Z. 159) •	• (katholische) Geistliche

❽ Finde im vorliegenden Rätsel die gesuchten Wörter heraus. Sie stehen alle im Text. Das Lösungswort ist ein berühmter Mann der Aufklärung.

1. Vorrecht; verbrieftes Recht				I					
2. Hauptstadt, größte Stadt eines Landes			T						
3. volkstümlich; allgemein verständlich						Ä			
4. Angriff; plötzlicher Überfall				T					
5. Alleinherrscher			O						
6. langer Spieß						K			
7. freiheitsliebend, freiheitlich, tolerant	L								
8. Steuerabgabe (veraltet)						H			

❾ Wer könnte der Geköpfte im Bild rechts sein? Wie erfolgte die Hinrichtung zur Zeit der Französischen Revolution? Betrachte das Bild genau.

____

____

____

❿ Welche Staatsform hatte Frankreich nach der Abschaffung des Königtums? Streiche Falsches durch.

Monarchie – Diktatur – Republik – parlamentarische Monarchie – Aristokratie (Adelsherrschaft) – Plutokratie (Herrschaft der Reichen) – Oligarchie (Herrschaft einer kleinen Schicht)

D_L Lösung:

❼ Welche Bedeutung haben folgende Fremdwörter? Lies die Wörter im Textzusammenhang. Verbinde sie dann richtig mit den deutschen Bedeutungen. LKS 4

Symbol (Z. 22)	adelig
Klerus (Z. 53/54)	bestechlich, verderblich
korrumpiert (Z. 60)	träge; langsam im Denken und Handeln
Volkssouveränität (Z. 75)	Geschichtsforscher
Historiker (Z. 81/82)	widersinnig, abwegig, sinnlos
Ancien Regime (Z. 100)	Zustimmung, Bestätigung, Billigung
feudal (Z. 101)	ungeschickt, unbeholfen
absurd (Z. 124)	Sinnbild, grafische Darstellung eines Sinnbilds
phlegmatisch (Z. 128)	vornehm; glanzvoll; den Adel betreffend
linkisch (Z. 135)	uneingeschränkte Herrschaft des Volkes
Sanktionierung (Z. 153)	Verschwörung; abgesprochenes Verbrechen
aristokratisch (Z. 159)	alte, monarchische Herrschaft
Komplott (Z. 159)	(katholische) Geistliche

❽ Finde im vorliegenden Rätsel die gesuchten Wörter heraus. Sie stehen alle im Text. Das Lösungswort ist ein berühmter Mann der Aufklärung. LKS 4

1. Vorrecht; verbrieftes Recht		P	R	I	V	I	L	E	G
2. Hauptstadt, größte Stadt eines Landes	M	E	T	R	O	P	O	L	E
3. volkstümlich; allgemein verständlich	P	O	P	U	L	Ä	R		
4. Angriff; plötzlicher Überfall			A	T	T	A	C	K	E
5. Alleinherrscher		M	O	N	A	R	C	H	
6. langer Spieß				P	I	K	E		
7. freiheitsliebend, freiheitlich, tolerant	L	I	B	E	R	A	L		
8. Steuerabgabe (veraltet)				Z	E	H	N	T	

❾ Wer könnte der Geköpfte im Bild rechts sein? Wie erfolgte die Hinrichtung zur Zeit der Französischen Revolution? Betrachte das Bild genau. LKS 5

Der Geköpfte ist König Ludwig XVI., der im Januar 1793 durch das Fallbeil, die Guillotine, in Paris hingerichtet wurde. Dasselbe geschah auch mit seiner Frau Marie Antoinette.

❿ Welche Staatsform hatte Frankreich nach der Abschaffung des Königtums? Streiche Falsches durch. LKS 5

~~Monarchie~~ – ~~Diktatur~~ – Republik – ~~parlamentarische Monarchie~~ – ~~Aristokratie (Adelsherrschaft)~~ – ~~Plutokratie (Herrschaft der Reichen)~~ – ~~Oligarchie (Herrschaft einer kleinen Schicht)~~

Fliegen nach dem Vorbild der Natur
Bewegungsabläufe sind äußerst kompliziert

Otto Lilienthal gelingen 1891 die ersten Gleitflüge der Geschichte. Der Maschinenbauingenieur hatte sich die Ideen für seine Flugapparate in der Natur geholt. In seinem Buch *Der Vogelflug als Grundlage der Fliegekunst* schreibt er: „Dass wir uns die Vögel zum Muster nehmen müssen, wenn wir danach streben, die das Fliegen erleichternden Prinzipien zu entdecken, und demzufolge das aktive Fliegen für den Menschen zu erfinden, dieses geht aus den bisher angeführten Versuchsresultaten eigentlich ohne weiteres hervor."

Otto Lilienthal und der Traum vom Fliegen

Otto Lilienthal (1848–1896) näherte sich seinem Traum vom Fliegen mit der Gründlichkeit des Ingenieurs. Bevorzugte Beobachtungsobjekte waren Möwen und Störche. Besondere Aufmerksamkeit schenkte er dem Aufbau der Flügel. Am Körperansatz sind sie schwer, bewegen sich wenig, besitzen aber dort ihre höchste Tragfähigkeit. Zu den Flügelenden nimmt gleichzeitig die Bewegung zu und das Gewicht ab. Anders als manch verwegener Draufgänger erkannte Lilienthal aber, dass mit Muskelkraft und nachgeahmtem Vogelflug kein Blumentopf zu gewinnen war, denn ein Geheimnis der bisweilen majestätisch anmutenden Akrobaten der Lüfte ist ihr Gewicht. Vogelknochen sind viel leichter gebaut als die des Menschen. Der bräuchte, um überhaupt abheben zu können, eine gewaltige Flügelspannweite und enorme Muskeln. Alle Versuche, es den Vögeln gleich zu tun, waren daher zum Scheitern verurteilt.

Aerodynamik

Stare kann man darauf trainieren, dass sie im Windkanal gegen einen Luftstrom fliegen, den man mit Rauchfahnen sichtbar macht. Dabei zeigt sich zweierlei: Stare sind absolute Flugkünstler, die auch Luftturbulenzen locker meistern können. Die Rauchfahnen machen außerdem deutlich, dass der Vogel eine extrem strömungsgünstige Körperform hat. So bietet er dem Wind kaum Widerstand – er besitzt eine gute Aerodynamik. Beobachtet man den menschlichen Körper im Windkanal, gestreckt in der Horizontalen, sieht man sofort, dass sich überall kleine Luftwirbel bilden. Der Mensch besitzt also keine gute Aerodynamik. Das alles führte auch Otto Lilienthal zu der Überzeugung, dass der Mensch zum Fliegen einen Flugapparat braucht. Den Menschen selbst muss man so gut es ging im Inneren eines Flugkörpers „verstecken", damit er das Fliegen nicht stört.

Flügel – das Geheimnis der Form

Seine jahrelangen Forschungen und physikalischen Untersuchungen fasste Lilienthal in einer Kurzformel zusammen: „Alles Fliegen ist Erzeugen von Luftwiderstand, alle Flugarbeit ist Überwinden von Luftwiderstand." Was den Auftrieb beim Fliegen angeht, lag es nahe, für seine Flugapparate eine gewölbte Flügelform zu wählen – wieder ganz nach dem Vorbild der Natur. Doch der Wissenschaftler Lilienthal wollte es genau wissen. Als erster zerlegte er die Luftkraft in ihre hebende (Auftrieb) und ihre hemmende (Widerstand) Komponente. Dabei zeigten sich für beide Komponenten klare Vorteile der gewölbten gegenüber einer ebenen Fläche.

Insekten fliegen schon seit Urzeiten

Bei aller Bewunderung für unsere Lehrmeister in der Fliegerei vergisst man gerne, dass Insekten schon lange vor den Vögeln durch die Urwelt surrten. Insekten sind filigrane und virtuose Flieger, zum Beispiel wenn sie im Flug mit ihrem langen Rüssel einen engen Blütenkelch treffen müssen. Ob sich ihre Flugtechnik zur technischen Nachahmung eignet, ist aber fraglich. Erst in Zeitlupenaufnahmen sieht man die ausgeklügelten Bewegungsabläufe, die zu den kompliziertesten Fortbewegungsarten im Tierreich gehören. Was die Forscher jedoch brennend interessiert, ist die extrem leichte, aber trotzdem stabile Bauweise zum Beispiel von Libellenflügeln. Sie könnten eine Vorlage für ultraleichte Tragflächen sein. In Sachen Fliegen hat die Natur als Vorbild noch lange nicht ausgedient – ganz im Gegenteil.

planetwissen. Harald Brenner, 11. November 2010

Otto Lilienthal: Der Vogelflug als Grundlage der Fliegekunst

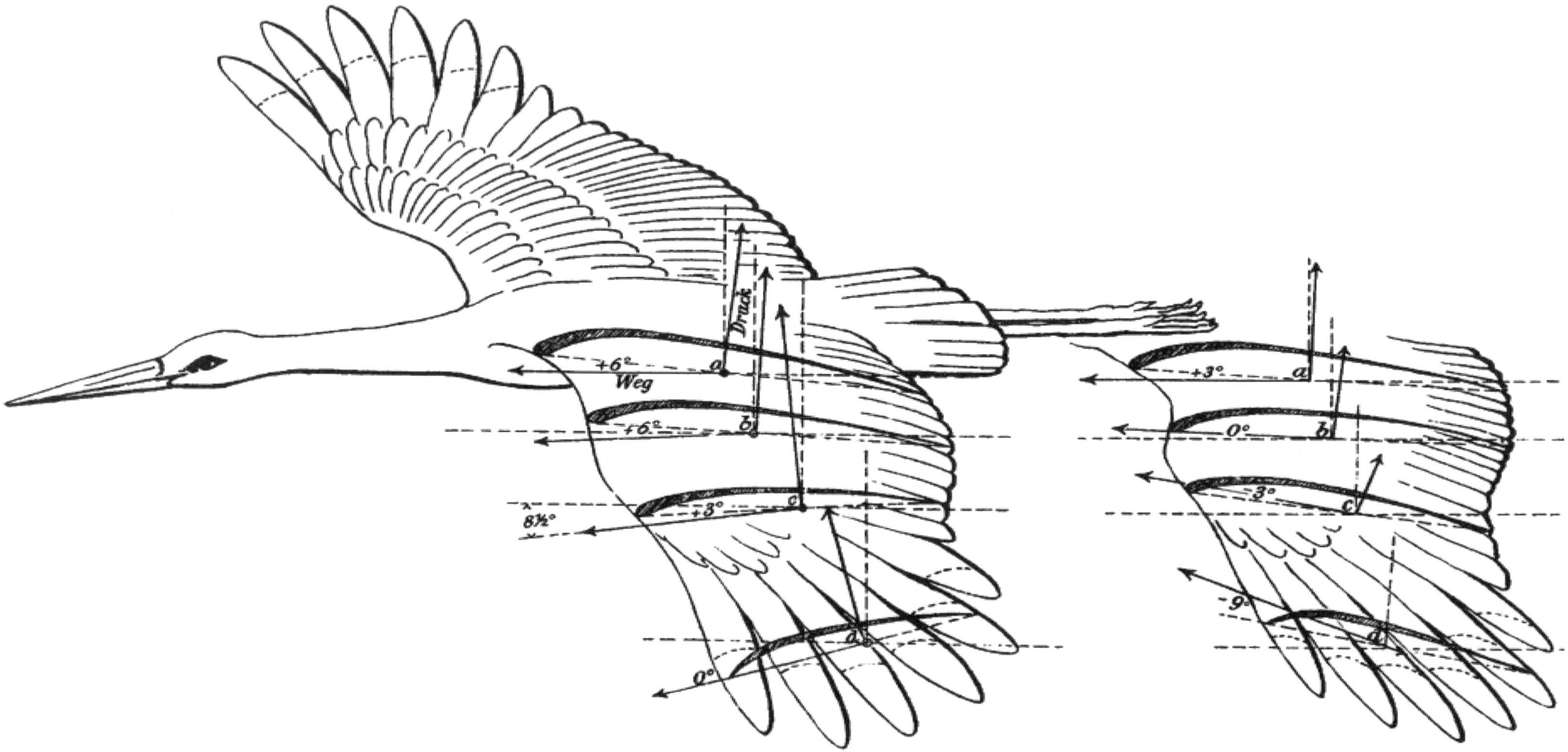

Flügelschlag in der Abwärtsbewegung

Flügelschlag in der Aufwärtsbewegung

D_L	Name: ____________________	Datum: ______________

Fliegen nach dem Vorbild der Natur

❶ Wie hieß der Mann, dem die ersten Gleitflüge der Geschichte gelangen?

☐ Gebrüder Wright ☐ Otto Lilienthal ☐ Leonardo da Vinci ☐ Montgolfier

❷ Warum kann ein Mensch mit Flugapparat und Muskelkraft keine längere Strecke fliegen? Du findest die Antwort im Text.

____

____

❸ Welcher Wissenschaftler zerlegte die Luftkraft in zwei Komponenten? Wie heißen diese?

____

____

❹ Im Wörterpuzzle sind zehn Fremdwörter versteckt, die im Text vorkommen. Finde diese heraus. Sie können waagrecht und senkrecht, aber auch in Gegenrichtung versteckt sein. Jeweils ein Buchstabe des Wortes ist vorgegeben.

N	X	Q	P	R	I	N	Z	I	P	I	E	N	S	E	E	L	E
A	V	T	E	T	N	E	N	O	P	M	O	K	E	S	S	I	V
R	I	G	P	M	A	J	E	S	T	Ä	T	I	S	C	H	T	G
G	R	T	T	O	K	Y	H	O	R	I	Z	O	N	T	A	L	E
I	T	U	L	T	R	A	L	E	I	C	H	T	E	N	T	A	Ä
L	U	F	T	T	U	R	B	U	L	E	N	Z	E	N	V	F	K
I	O	R	B	R	I	K	R	D	E	R	E	S	U	L	T	A	T
F	S	M	F	S	M	E	K	I	M	A	N	Y	D	O	R	E	A

❺ Die deutsche Bedeutung von acht der zehn Fremdwörter ist vorgegeben. Ordne die herausgefundenen Wörter richtig zu.

______________________ = waagrechte Gerade

______________________ = Grundsätze des Handelns; Grundgedanken

______________________ = das Verhalten von Körpern in der Luft

______________________ = Bestandteil eines Ganzen; Teilkraft

______________________ = eindrucksvoll, würdig, erhaben, herrlich

______________________ = sehr fein, fein gegliedert; zart geflochten

______________________ = ungeordnete Luftverwirbelungen

______________________ = meisterhaft, hoch künstlerisch, technisch vollendet

D L | Lösung:

Fliegen nach dem Vorbild der Natur

❶ Wie hieß der Mann, dem die ersten Gleitflüge der Geschichte gelangen?

☐ Gebrüder Wright ☒ Otto Lilienthal ☐ Leonardo da Vinci ☐ Montgolfier

❷ Warum kann ein Mensch mit Flugapparat und Muskelkraft keine längere Strecke fliegen? Du findest die Antwort im Text.

Der Mensch ist zu schwer. Er bräuchte, um überhaupt abheben zu können, eine gewaltige Flügelspannweite und enorme Muskeln.

❸ Welcher Wissenschaftler zerlegte die Luftkraft in zwei Komponenten? Wie heißen diese?

Der Wissenschaftler Otto Lilienthal zerlegte die Luftkraft in ihre hebende (Auftrieb) und ihre hemmende (Widerstand) Komponente.

❹ Im Wörterpuzzle sind zehn Fremdwörter versteckt, die im Text vorkommen. Finde diese heraus. Sie können waagrecht und senkrecht, aber auch in Gegenrichtung versteckt sein. Jeweils ein Buchstabe des Wortes ist vorgegeben.

N	X	Q	P	R	I	N	Z	I	P	I	E	N	S	E	E	L	E
A	V	T	E	T	N	E	N	O	P	M	O	K	E	S	S	I	V
R	I	G	P	M	A	J	E	S	T	Ä	T	I	S	C	H	T	G
G	R	T	T	O	K	Y	H	O	R	I	Z	O	N	T	A	L	E
I	T	U	L	T	R	A	L	E	I	C	H	T	E	N	T	A	Ä
L	U	F	T	T	U	R	B	U	L	E	N	Z	E	N	V	F	K
I	O	R	B	R	I	K	R	D	E	R	E	S	U	L	T	A	T
F	S	M	F	S	M	E	K	I	M	A	N	Y	D	O	R	E	A

❺ Die deutsche Bedeutung von acht der zehn Fremdwörter ist vorgegeben. Ordne die herausgefundenen Wörter richtig zu.

Horizontale = waagrechte Gerade

Prinzipien = Grundsätze des Handelns; Grundgedanken

Aerodynamik = das Verhalten von Körpern in der Luft

Komponente = Bestandteil eines Ganzen; Teilkraft

majestätisch = eindrucksvoll, würdig, erhaben, herrlich

filigran = sehr fein, fein gegliedert; zart geflochten

Luftturbulenzen = ungeordnete Luftverwirbelungen

virtuos = meisterhaft, hoch künstlerisch, technisch vollendet

D L	Name: ____________________	Datum: ____________________

❻ Die Flügel einer Libelle sind ein Wunderwerk der Natur. Begründe das anhand der Fotos und mithilfe Textes, der unter den Bildern steht. Unterstreiche die passenden Textstellen. (LKS 4)

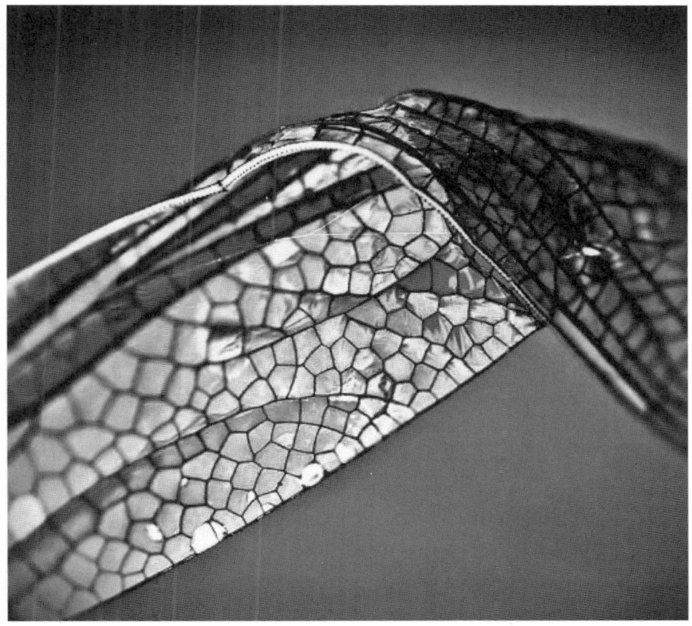

Eine Libelle wiegt rund ein Gramm. Nur etwa zwei Tausendstel davon machen die Flügel aus. Diese sind in extremer Leichtbauweise konstruiert. Allerdings stellt sich die Frage, wie Libellenflügel mit so wenig Material noch stabil genug sein können.

Dafür sind verschiedene Strukturen verantwortlich. Schon mit bloßem Auge kann man ein Netz von Verstrebungen erkennen, zwischen denen die Flügelmembran aufgespannt ist. Außerdem ist ein Libellenflügel nicht flach, sondern hat im Profil eine wellige Struktur – mit ähnlichen Stabilitätseffekten wie bei Wellpappe. Doch diese Anpassungen reichen noch nicht, um den Libellenflügel zu stabilisieren. Durch Materialanalyse stieß man als weiteren Beitrag auf die mehrschichtige Anordnung der Kutikula – des hautartigen Materials, aus dem Verstrebungen und Membran bestehen. Durch mikroskopische Untersuchungen entdeckte man außerdem noch feinere Verbindungen zwischen den Verstrebungen in der Membran. Die Wissenschaftler können die Stabilität des Libellenflügels nun halbwegs nachvollziehen. An den Flügelvorderkanten wurden Mikrostrukturen entdeckt, die der Luft einen „Drall" geben. Dort haben Libellen außerdem Sensorhaare. So können sie immer passend auf Änderungen der Strömung reagieren und ihre waghalsigen Manöver fliegen. Was fangen nun Bioniker damit an? Gerade von den Mikrostrukturen können sie lernen. Wenn man die Ähnlichkeitsgesetze beachtet – also die Anpassung an Größe und Geschwindigkeit –, könnte man ähnliche Strukturen an Flugzeugen anbringen. Aber wie sollte ein Leichtbauflugzeug mit geknickten Flachflügeln funktionieren? Den Gleitflug kann man nachvollziehen, aber wenn die Libelle beide Flügelpaare teilweise gegenläufig bewegt, dann wird es für den Bioniker äußerst kompliziert.

❼ Wie sieht ein aerodynamisch optimaler Flügel in Vorderansicht aus? Zeichne ihn. (LKS 5)

❽ Was macht ein Bioniker? Erkläre kurz mithilfe des Textes oben. (LKS 5)

____

____

____

❾ Nicht nur in Sachen Fliegen dient die Natur als Vorbild. Findest du weitere Beispiele? (LKS 5)

____

____

D_L Lösung:

❻ Die Flügel einer Libelle sind ein Wunderwerk der Natur. Begründe das anhand der Fotos und mithilfe Textes, der unter den Bildern steht. Unterstreiche die passenden Textstellen.

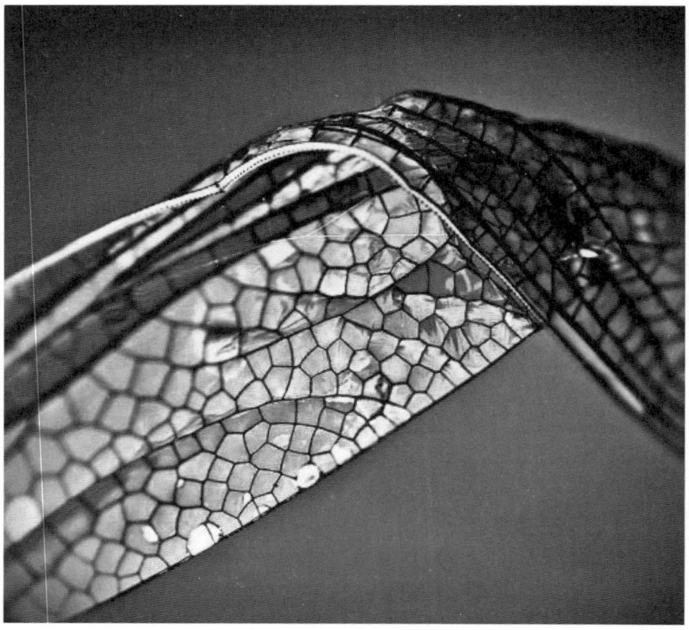

Eine Libelle wiegt rund ein Gramm. Nur etwa zwei Tausendstel davon machen die Flügel aus. Diese sind in extremer Leichtbauweise konstruiert. Allerdings stellt sich die Frage, wie Libellenflügel mit so wenig Material noch stabil genug sein können.
Dafür sind verschiedene Strukturen verantwortlich. Schon mit bloßem Auge kann man ein Netz von Verstrebungen erkennen, zwischen denen die Flügelmembran aufgespannt ist. Außerdem ist ein Libellenflügel nicht flach, sondern hat im Profil eine wellige Struktur – mit ähnlichen Stabilitätseffekten wie bei Wellpappe. Doch diese Anpassungen reichen noch nicht, um den Libellenflügel zu stabilisieren. Durch Materialanalyse stieß man als weiteren Beitrag auf die mehrschichtige Anordnung der Kutikula – des hautartigen Materials, aus dem Verstrebungen und Membran bestehen. Durch mikroskopische Untersuchungen entdeckte man außerdem noch feinere Verbindungen zwischen den Verstrebungen in der Membran. Die Wissenschaftler können die Stabilität des Libellenflügels nun halbwegs nachvollziehen. An den Flügelvorderkanten wurden Mikrostrukturen entdeckt, die der Luft einen „Drall“ geben. Dort haben Libellen außerdem Sensorhaare. So können sie immer passend auf Änderungen der Strömung reagieren und ihre waghalsigen Manöver fliegen.
Was fangen nun Bioniker damit an? Gerade von den Mikrostrukturen können sie lernen. Wenn man die Ähnlichkeitsgesetze beachtet – also die Anpassung an Größe und Geschwindigkeit –, könnte man ähnliche Strukturen an Flugzeugen anbringen. Aber wie sollte ein Leichtbauflugzeug mit geknickten Flachflügeln funktionieren? Den Gleitflug kann man nachvollziehen, aber wenn die Libelle beide Flügelpaare teilweise gegenläufig bewegt, dann wird es für den Bioniker äußerst kompliziert.

❼ Wie sieht ein aerodynamisch optimaler Flügel in Vorderansicht aus? Zeichne ihn.

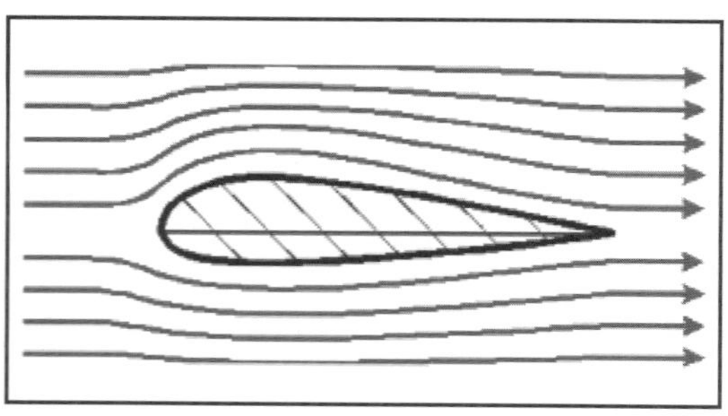

❽ Was macht ein Bioniker? Erkläre kurz mithilfe des Textes oben.

Der Bioniker nimmt die Natur als Vorbild und versucht, Erkenntnisse aus der Biologie in die Technik zu übertragen und umzusetzen.

❾ Nicht nur in Sachen Fliegen dient die Natur als Vorbild. Findest du weitere Beispiele?

Krake (Saugnäpfe: Unterdruckfunktion → Badematten); Eisbär (luftgepolsterter Aufbau des Fells → sich selbst reinigende und wasserabweisende Kleidung); Fledermaus (Ultraschall-Technik) u. a.

Greifvögel – heute nicht mehr von der Ausrottung bedroht

Ganzjährige Schonzeit

In den 70er-Jahren des letzten Jahrhunderts waren Greifvögel in Deutschland fast ausgestorben. Mittlerweile sieht man sie wieder in allen Bundesländern, wo sie ihrer Jagdbeute nicht nur in Wäldern und auf Feldern auflauern, sondern auch in den Großstädten. Und sogar der Fischadler, der kleinste aus der Familie der Adler, konnte im Osten der Republik wieder angesiedelt werden.

Greifvögel als Zeichen der Macht

Für den Menschen sind die weltweit vorkommenden Greifvögel seit Urzeiten von Geheimnissen umwittert. In vielen Kulturen dienten Greife als mythologisches Symbol oder als Wappentier. Der Adler wird auf Grund seiner Größe als König der Lüfte angesehen und gilt als Zeichen für Macht, Kraft und Überlegenheit. In Deutschland ist er als Bundesadler ein Symbol für die Stärke und Souveränität des Staates.

Doch lange Zeit wurden die im Volksmund als Raubvögel bezeichneten Tiere gejagt und getötet, da ihnen viele negative Eigenschaften angedichtet wurden. Bei manchen Menschen lösen sie nämlich Unbehagen aus. Das mag mit ihrer lautlosen Art sich fortzubewegen zusammenhängen, aber auch damit, dass sie lebende Beute erjagen und auch gelegentlich Aas nicht verschmähen. Dabei sind dies durchweg positive Eigenschaften, denn Greifvögel halten den Bestand vieler Schädlinge – wie Wühlmäuse und Insekten – klein. Zudem erbeuten sie oft kranke oder schwächliche Tiere und beseitigen Tierleichen und tragen so zum biologischen Gleichgewicht bei.

Die Gefahr der Ausrottung mancher Greifvögel, die noch vor wenigen Jahrzehnten bestand, ist heute gebannt, denn alle in Deutschland vorkommenden Arten genießen ganzjährig Schonzeit, sie dürfen also nicht mehr gejagt werden.

Biologische Fakten

Die Ordnung der Greifvögel (auch Falconiformes) zeichnet sich dadurch aus, dass die Tiere sich vorwiegend von fleischlicher Nahrung ernähren und ihre Beute aus dem Flug mit ihren Krallen ergreifen. Da die früher geläufige Bezeichnung Raubvögel auch auf viele andere Vögel zutrifft, wird sie als Ordnungsname nicht mehr verwendet. Überwiegend gehen die Greifvögel tagsüber auf Jagd.

Einige Merkmale sind für alle Arten bezeichnend: ihr sehr gutes Sehvermögen, der nach unten gebogene Hakenschnabel, kräftige Beine und die mit scharfen Krallen ausgestatteten Füße. Häufig sind die Weibchen größer als die Männchen, wahrscheinlich um sich beim aggressiven Balzverhalten der Männchen diesen gegenüber besser wehren zu können. Die Körperlänge von Greifvögeln misst von 14 bis 115 Zentimeter.

Die Vögel nisten gerne auf Bäumen oder Felsen, aber manche errichten ihren Horst, wie man das Nest der Greifvögel nennt, auch im Röhricht oder auf dem Boden. Einige Arten, zum Beispiel viele Falken, übernehmen leer stehende Nester anderer Vögel oder benutzen schon vorhandene feste Unterlagen. Die Gelege bestehen aus mehreren Eiern, einige Arten ziehen jedoch nur ein Junges groß.

Die geschlüpften Jungen sind Nesthocker und werden zunächst von den Eltern versorgt. Sind sie flügge, müssen sie die Jagd erst erlernen. Dabei fangen sie zunächst mit leicht zu fangender Beute an. Der Lebensraum vieler Greifvögel gliedert sich in das Horstfeld und das Beutefeld, denn in der Umgebung des Nestes wird nicht gejagt. Die Größe des Jagdgebietes richtet sich nach der Beuteleistung.

Falkenartige und habichtartige Greifvögel

In Mitteleuropa unterscheidet man die Familie der Habichtartigen – mit etwa 24 sehr verschiedenen Arten, weltweit etwa 235 – und die der Falkenartigen – mit acht Falkenarten, weltweit etwa 52. Zur Familie der Habichtartigen gehören unter anderem Adler, Habicht, Bussard, Milan, Weihe und Geier. Eule und Uhu werden übrigens nicht zu den Greifvögeln gerechnet, sie bilden eine eigene Ordnung.

Der Fischadler – ein erfolgreicher Jäger

Beachtenswert ist die Jagdtechnik des Fischadlers im Wasser. Hat er beim Beuteflug in bis zu 50 Metern Höhe einen Fisch gesichtet, setzt er aus dem Flug mit weit vorgestreckten Greiffüßen und angewinkelten Flügeln zum Tauchen an.

In zwei Hundertstel-Sekunden schließen sich die mit langen Stacheln versehenen Krallen um die Beute.

Doch jetzt kommt Schwerstarbeit auf den Vogel zu, denn um sich und die Beute aus dem Wasser zu ziehen, muss er enorme Kräfte aufbringen. Mit Hilfe seines Schwanzes stößt er sich nach dem Auftauchen von der Wasseroberfläche ab, deshalb heißt seine Technik auch Stoßtauchen. Ist der Fisch zu schwer, muss er ihn loslassen. Bis zu einem Meter tief können Fischadler tauchen. Ihr Gefieder ist durch Fett vor der Nässe geschützt.

Die bei uns ansässigen Fischadler überwintern im Mittelmeerraum, in Südwestasien und Afrika. Beim Durchzug im Herbst und Frühjahr sind sie deshalb in ganz Deutschland jagend an größeren Seen und Flüssen zu beobachten.

planetwissen: Günter Wagner, 31. August 2009

D_L	Name: ______________________	Datum: ______________

Greifvögel – heute nicht mehr von der Ausrottung bedroht

❶ Welcher Greifvogel wird als König der Lüfte angesehen? LKS 1

☐ Falke ☐ Mäusebussard ☐ Habicht ☐ Adler ☐ Roter Milan

❷ Beantworte folgende Fragen, die sich auf den Text beziehen. LKS 2

① Wie bewegen sich Greifvögel fort?

____

② Wie unterscheiden sich Männchen und Weibchen von der Größe her?

____

③ Wonach richtet sich die Größe des Jagdgebiets?

____

④ Was versteht man beim Fischadler unter der sogenannten „Stoßtechnik“?

____

____

❸ Welche wichtigen Aufgaben erfüllen Greifvögel? Lies im Text nach und schreibe auf. LKS 2

____

____

❹ Was stimmt, was nicht? Streiche bei den kursiven Auswahlantworten das Falsche durch. LKS 3

① Alle Greifvögelarten genießen in Deutschland *halbjährigen/ganzjährigen* Schutz.

② Alle Greifvögel ernähren sich vorwiegend von *fleischiger/pflanzlicher* Nahrung.

③ Alle Greifvögel besitzen einen nach *unten/oben* gebogenen Hakenschnabel.

④ Die geschlüpften Jungen sind *Nestflüchter/Nesthocker*.

⑤ Eule und Uhu werden *auch/nicht* zu den Greifvögeln gerechnet.

⑥ In Mitteleuropa gibt es rund 24 *habichtartige/falkenartige* Familien.

⑦ Greifvögel gehen überwiegend *nachts/tagsüber* auf Jagd.

⑧ Der bei uns ansässige Fischadler überwintert *in Deutschland/in Afrika*.

❺ Welche Greifvögel sind abgebildet? Schreibe den Namen unter das Bild. LKS 4

______________ ______________ ______________

DL Lösung:

Greifvögel – heute nicht mehr von der Ausrottung bedroht

❶ Welcher Greifvogel wird als König der Lüfte angesehen? LKS1

☐ Falke ☐ Mäusebussard ☐ Habicht ☒ Adler ☐ Roter Milan

❷ Beantworte folgende Fragen, die sich auf den Text beziehen. LKS2

① Wie bewegen sich Greifvögel fort?

Greifvögel bewegen sich lautlos fort.

② Wie unterscheiden sich Männchen und Weibchen von der Größe her?

Die Weibchen sind häufig größer als die Männchen.

③ Wonach richtet sich die Größe des Jagdgebiets?

Die Größe des Jagdgebiets richtet sich nach der Beuteleistung.

④ Was versteht man beim Fischadler unter der sogenannten „Stoßtechnik"?

Der Fischadler stößt sich nach dem Auftauchen mithilfe seines Schwanzes von der Wasseroberfläche ab.

❸ Welche wichtigen Aufgaben erfüllen Greifvögel? Lies im Text nach und schreibe auf. LKS2

Greifvögel tragen zum biologischen Gleichgewicht bei, indem sie den Bestand vieler Schädlinge (Insekten, Wühlmäuse) klein halten und kranke oder schwächliche Tiere beseitigen.

❹ Was stimmt, was nicht? Streiche bei den kursiven Auswahlantworten das Falsche durch. LKS3

① Alle Greifvögelarten genießen in Deutschland *~~halbjährigen~~/ganzjährigen* Schutz.
② Alle Greifvögel ernähren sich vorwiegend von *fleischiger/~~pflanzlicher~~* Nahrung.
③ Alle Greifvögel besitzen einen nach *unten/~~oben~~* gebogenen Hakenschnabel.
④ Die geschlüpften Jungen sind *~~Nestflüchter~~/Nesthocker*.
⑤ Eule und Uhu werden *~~auch~~/nicht* zu den Greifvögeln gerechnet.
⑥ In Mitteleuropa gibt es rund 24 *habichtartige/~~falkenartige~~* Familien.
⑦ Greifvögel gehen überwiegend *~~nachts~~/tagsüber* auf Jagd.
⑧ Der bei uns ansässige Fischadler überwintert *~~in Deutschland~~/in Afrika*.

❺ Welche Greifvögel sind abgebildet? Schreibe den Namen unter das Bild. LKS4

Mäusebussard

Habicht

Fischadler

D L	Name: ______________________	Datum: ______________

❻ Was ist das wichtigste Sinnesorgan der Greifvögel? Belege durch Beispiele. (LKS 3)

____

____

____

❼ Die Abbildung unten zeigt fünf Flugbilder (Silhouetten) von Greifvögeln. Findest du die fünf Greifvogelnamen aus dem Buchstabensalat heraus? Schreibe sie auf. (LKS 3)

①

②

③

④

⑤

① NERRALTIOM ______________

② PRERESB ______________

③ DASSURB ______________

④ BIHATCH ______________

⑤ MAUFTKERL ______________

❽ Was ist eine Falknerei? Erkläre genauer. (LKS 4)

____

____

____

____

❾ Verbinde die bei Greifvögeln verwendeten Ausdrücke mit den passenden Bedeutungen. (LKS 5)

Gelege •	• Gefiederwechsel
Horst •	• Füße der Greifvögel
rütteln •	• Unverdauliche Teile der Beute (z. B. Federn, Fell und Knochen) werden in kleinen Bällchen ausgespuckt.
Mauser •	• Werben der Vögel zur Paarbildung
Handschwingen •	• Ei bzw. Eier im Nest
Gewölle •	• Mit ausgebreiteten Flügeln schützen die Altvögel die Jungen vor Hitze und Kälte.
Fänge •	• Flugtechnik, um auf der Stelle fliegen zu können
hudern •	• Nest der Greifvögel
Balz •	• die äußeren zehn Federn an der Flügelspitze

D$_L$ Lösung:

❻ Was ist das wichtigste Sinnesorgan der Greifvögel? Belege durch Beispiele. LKS 3

Das wichtigste Sinnesorgan der Greifvögel sind die Augen, die besten, die die Evolution hervorgebracht hat. Noch aus 1,6 Kilometern Entfernung kann der Adler eine Maus sehen. Der Gänsegeier erkennt aus 3600 Metern Höhe Gegenstände von der Größe eines Füllfederhalters.

❼ Die Abbildung unten zeigt fünf Flugbilder (Silhouetten) von Greifvögeln. Findest du die fünf Greifvogelnamen aus dem Buchstabensalat heraus? Schreibe sie auf. LKS 3

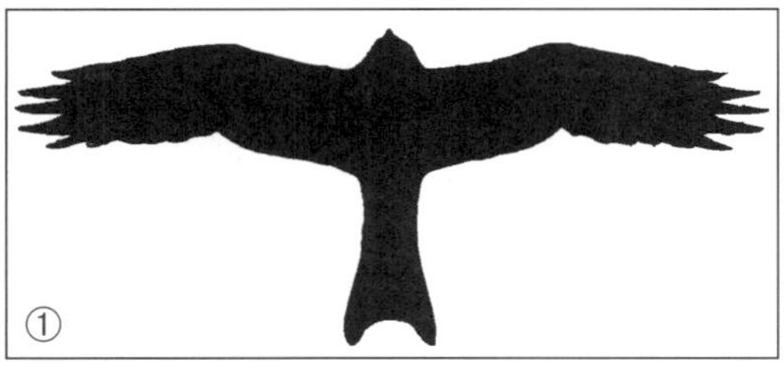
①

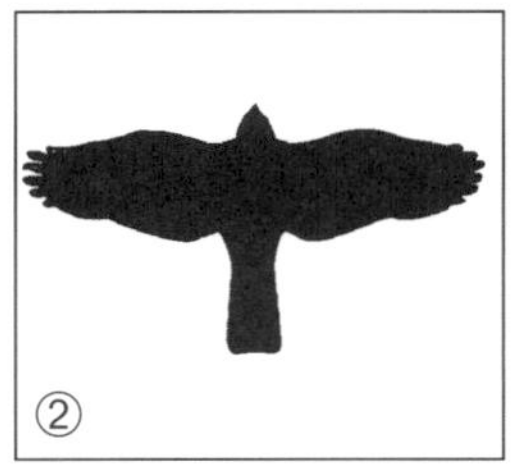
②

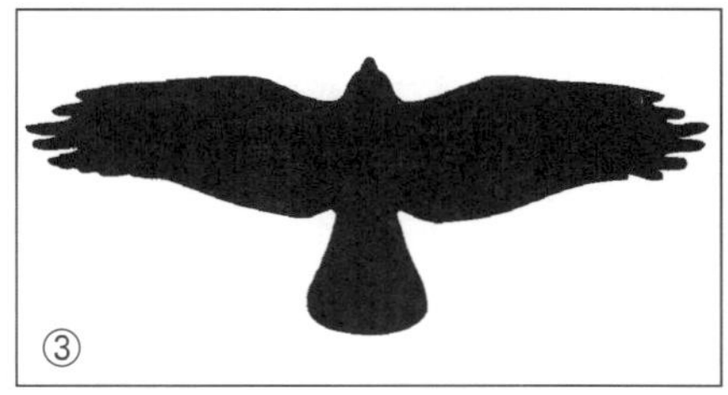
③

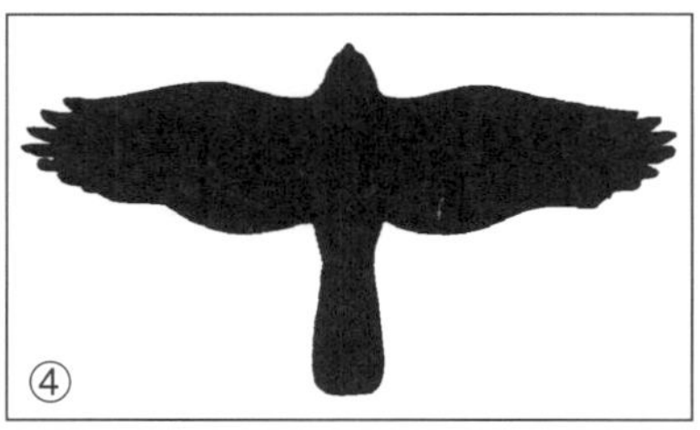
④

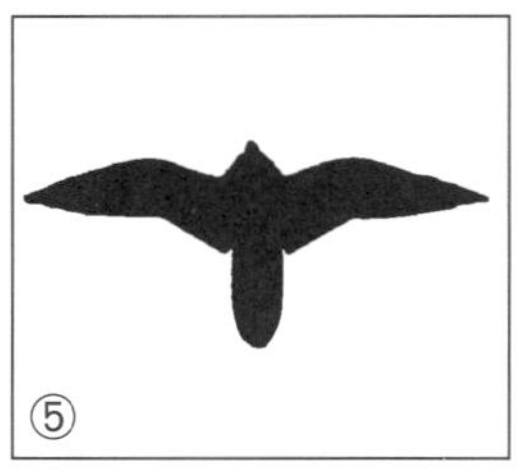
⑤

① NERRALTIOM	*Roter Milan*
② PRERESB	*Sperber*
③ DASSURB	*Bussard*
④ BIHATCH	*Habicht*
⑤ MAUFTKERL	*Turmfalke*

❽ Was ist eine Falknerei? Erkläre genauer. LKS 4

Falknerei ist das Abrichten, die Pflege und das Jagen mithilfe eines Greifvogels. Feder- und Haarwild sind hierbei Ziel der Jagd. Neben großen Falken werden auch Habichte und Adler abgerichtet. Die Falknerei hat vermutlich ihren Ursprung vor etwa 3500 Jahren in Zentralasien.

❾ Verbinde die bei Greifvögeln verwendeten Ausdrücke mit den passenden Bedeutungen. LKS 5

Gelege	Gefiederwechsel
Horst	Füße der Greifvögel
rütteln	Unverdauliche Teile der Beute (z. B. Federn, Fell und Knochen) werden in kleinen Bällchen ausgespuckt.
Mauser	Werben der Vögel zur Paarbildung
Handschwingen	Ei bzw. Eier im Nest
Gewölle	Mit ausgebreiteten Flügeln schützen die Altvögel die Jungen vor Hitze und Kälte.
Fänge	Flugtechnik, um auf der Stelle fliegen zu können
hudern	Nest der Greifvögel
Balz	die äußeren zehn Federn an der Flügelspitze

Hubert Albus: Lesekompetenz effektiv fördern 7 • Best.-Nr. 880 • © Brigg Pädagogik Verlag GmbH, Augsburg

Waldbrände
Kleine Ursachen, aber große Wirkung

Viele Regionen der Erde sind Waldbrände gewöhnt. In weiten Teilen Australiens werden regelmäßig „kontrollierte“ Feuer gelegt, um vernichtenden Feuerwalzen in den Sommermonaten vorzubeugen. Zahlreiche Bundesstaaten der USA bereiten sich jedes Jahr auf neue Brände vor. Vor allem Nadelwälder sind nach langer Trockenzeit stark gefährdet, weil die harzhaltigen Nadeln ausgezeichnetes Brennmaterial abgeben.

Doch auch in weniger gefährdeten Regionen wie Deutschland wird der Wald ständig beobachtet, um unkontrollierte Brände zu verhindern.

Kleine Ursache, große Wirkung

Ein Blitz, ein Lagerfeuer, eine achtlos weggeworfene Zigarette oder bewusste Brandstiftung: Für Waldbrände gibt es viele Ursachen. Nur in wenigen Fällen werden sie tatsächlich allein durch Naturgewalt wie etwa einen Blitzeinschlag ausgelöst. So gestand etwa nach einem Großfeuer im Wald des US-Bundesstaates Colorado im Juni 2002 eine Mitarbeiterin der Forstbehörde, auf einem abgelegenen Campingplatz einen Brief ihres Ehemanns aus Wut verbrannt zu haben. Im März 2003 wurde sie dafür zu zwölf Jahren Haft verurteilt. Auch für einen zeitgleich wütenden Waldbrand im US-Staat Arizona war ein Brandstifter verantwortlich: Ein arbeitslos gewordener Feuerwehrmann hatte gezündelt, um seinen Job wiederzubekommen.

Egal warum – brennt der Wald einmal, kann sich das Feuer bei extremer Trockenheit durch Wärmeübertragung rasant schnell auf Gras, Gebüsch, Unterholz und Bäume ausbreiten. Wasser allein, das mit Spritzen und Löschflugzeugen eingesetzt wird, reicht zur Bekämpfung eines größeren Waldbrandes nicht aus. Löschtrupps schlagen breite Schneisen in den Wald oder legen kontrollierte Gegenfeuer, um ein Überspringen und Ausweiten des Feuers zu verhindern oder das Feuer zumindest umzulenken, um Menschen und Gebäude zu schützen. Auch flammenhemmende Chemikalien werden eingesetzt.

Kontrolliertes Feuermanagement

Die Ureinwohner Australiens, die Aborigenes, pflegten jahrtausendelang im Frühjahr, wenn der Boden vom Winter noch feucht war, Feuer im Wald zu legen. Diese „reinigenden“ Feuer verbrannten das hohe Gras des Sommers und die Schichten abgeworfener Baumrinden, nicht aber die noch feuchten Bäume. So gewannen die Aborigines einerseits wertvollen Dünger und beugten gleichzeitig katastrophalen Waldbränden vor, weil sie das brennbare Material am Boden schon vorher beseitigt hatten. Sie taten das, was sich in den 1970er-Jahren als „Feuermanagement“ durchsetzte.

Bis dahin galten Waldbrände generell als schädlich und vor allem die US-Amerikaner taten alles, um alle – auch kleine – Feuer in brandgefährdeten Gebieten so schnell wie möglich zu löschen. Doch mit jedem Erfolg erhöhte sich die Brandgefahr, weil sich Jahr für Jahr immer mehr trockenes Holz und Laub in den Wäldern ansammelte. Der Sinn kontrollierter Feuer zeigte sich 1994 bei großen Buschfeuern in Australien: Die Regierung von New South Wales, wo die Brände ausbrachen, hatte das gezielte Abbrennen von Buschwerk und Unterholz verboten. So konnten sich die Flammen rasend schnell bis vor die Tore der Millionenmetropole Sydney ausbreiten.

Schnelle Wiederauferstehung

Sei es beim Buschfeuer in Australien 1994 oder dem verheerenden Brand im amerikanischen Yellowstone-Nationalpark 1988 – Förster klagten stets, dass es Jahrzehnte dauern würde, bis sich die Natur erholt. Und stets wurden sie von der Natur eines Besseren belehrt. Bereits fünf Monate nach den Bränden in Australien sprossen Pflanzentriebe aus den verkohlten Überresten des bekannten „Royal National Park“ heraus.

Die Anpassung der Vegetation an das Feuer überrascht immer wieder auch Fachleute. Bei vielen Vertretern der Gattung der Banksie, einer australischen Steppenpflanze, fallen aus den zapfenartigen Früchten erst nach einem Brand die Samen heraus, um in der äußerst fruchtbaren Asche zu keimen. Auch das Feuerkraut, ein nordamerikanisches Weidenröschen, braucht die Hitze, damit seine Samen überhaupt keimen können.

Aus verkohlten Eukalyptusbäumen schießen nach Bränden unter der schützenden Borke Triebe hervor. Wegen ihrer dicken, schützende Borke übersteht auch die nordamerikanische Douglas-Tanne viele Brände unbeschadet.
Weil nach einem Feuer mehr Licht auf den Waldboden gelangt, nutzen viele Pflanzen wie die australische Akazie die Chance, sich gegen sonst dichte Baumkronen durchzusetzen. Es gibt auch Tiere, die förmlich auf Waldbrände „fliegen“: Für die Familie der „Pyrochroidae“, auch Feuerkäfer genannt, sind Feuer die einzige Vermehrungschance. Die Larven des Käfers entwickeln sich nur in frisch verbranntem Holz. Waldbrände sind daher zwar einerseits gefährliche Katastrophen, ermöglichen aber gleichzeitig eine ökologische Runderneuerung. Durch die natürliche Auslese bei Feuern wird neuer Lebensraum in teilweise überaltertem oder krankem Baumbestand geschaffen. Auch der Waldbrand im Yellowstone-Park, wo Kiefern dichte Monokulturen gebildet hatten, erwies sich im Nachhinein als erfolgreiche Verjüngungskur für den Wald. Durch Waldbrände sind aber auch ganze Tier- und Pflanzenarten bedroht. Brände in Australien beispielsweise könnten langfristig zum Aussterben des Koala führen. Nach Schätzungen der „Australian Koala Foundation“ aus dem Jahr 2007 leben weniger als 100000 Tiere in freier Wildbahn. Bei jedem Brand sterben nicht nur zahlreiche Koalas – vor allem werden die für die Tiere überlebenswichtigen Eukalyptusbäume zerstört.

planetwissen. Silke Rehren, 24. Mai 2011

Waldbrände

❶ Welche vier Ursachen für das Entstehen von Waldbränden werden im Text angesprochen? LKS 1

____

____

❷ Welche Wälder sind durch Waldbrände besonders stark gefährdet? LKS 1

☐ Laubwälder ☐ Nadelwälder ☐ Mischwälder ☐ Regenwälder

❸ Beantworte folgende Fragen, die sich auf den Text beziehen. LKS 2

① Wer sind die Aborigines?

____

② Was ist „Feuermanagement“?

____

____

③ Diese zwei Pflanzen brauchen Waldbrände zum Wachsen. Name?

____

____

____

❹ Welche Bedrohung geht von Waldbränden aus? Suche die Textstelle und zitiere sie. LKS 2

____

____

❺ Was geschieht bei Waldbränden in Australien? Kreuze die richtigen Antworten an. LKS 2

☐ Bei jedem Waldbrand sterben zahlreiche Koalabären.

☐ Bei jedem Waldbrand werden zahlreiche Kängurus getötet.

☐ Bei jedem Waldbrand werden die für die Tiere überlebenswichtigen Kiefern zerstört.

☐ Bei jedem Waldbrand werden die für die Tiere überlebenswichtigen Eukalyptusbäume zerstört.

❻ Welches Tier könnte rechts abgebildet sein? Du findest es im Text. In welchem Zusammenhang? LKS 3

____

____

____

____

DL Lösung:

Waldbrände

❶ Welche vier Ursachen für das Entstehen von Waldbränden werden im Text angesprochen?

Als Ursachen werden Blitzschlag, Lagerfeuer, eine achtlos weggeworfene Zigarette oder bewusste Brandstiftung angesprochen.

❷ Welche Wälder sind durch Waldbrände besonders stark gefährdet?

☐ Laubwälder ☒ Nadelwälder ☐ Mischwälder ☐ Regenwälder

❸ Beantworte folgende Fragen, die sich auf den Text beziehen.

① Wer sind die Aborigines?

Ureinwohner Australiens

② Was ist „Feuermanagement"?

Rechtzeitiges Anzünden des brennbaren Materials am Boden (hohes Gras, abgeworfene Baumrinden)

③ Diese zwei Pflanzen brauchen Waldbrände zum Wachsen. Name?

Das Feuerkraut (①) braucht die Hitze zum Keimen seiner Samen. Die Samen der Banksie (②) fallen erst nach einem Waldbrand zu Boden, um dort in der fruchtbaren Asche zu keimen.

❹ Welche Bedrohung geht von Waldbränden aus? Suche die Textstelle und zitiere sie.

Durch Waldbrände sind aber auch ganze Tier- und Pflanzenarten bedroht. (Zeilen 121–123)

❺ Was geschieht bei Waldbränden in Australien? Kreuze die richtigen Antworten an.

☒ Bei jedem Waldbrand sterben zahlreiche Koalabären.

☐ Bei jedem Waldbrand werden zahlreiche Kängurus getötet.

☐ Bei jedem Waldbrand werden die für die Tiere überlebenswichtigen Kiefern zerstört.

☒ Bei jedem Waldbrand werden die für die Tiere überlebenswichtigen Eukalyptusbäume zerstört.

❻ Welches Tier könnte rechts abgebildet sein? Du findest es im Text. In welchem Zusammenhang?

Es ist der Feuerkäfer (Pyrochroa coccinea). Waldbrände sind die einzige Vermehrungschance, denn die Larven des Käfers entwickeln sich nur in frisch verbranntem Holz.

D_L	Name: ____________________	Datum: ____________

❼ Unterstreiche im Text unten Ursachen für Waldbrände.

LKS 3

„Die Menschen sollten jedes Brandrisiko vermeiden, also kein Grillen, kein Feuer machen und auf Zigarettenkippen achten“, sagte ein Sprecher des Landwirtschaftsministeriums in Kiel. Auch die Hamburger Wirtschaftsbehörde warnte. Besonders betroffen seien auch Heideflächen. Besitzer von Autos mit Katalysator sollten nicht über ausgetrocknetem Gras parken, da der heiße Katalysator das Gras unter dem Fahrzeug entzünden könnte.

❽ Was verstehst du unter dem Ausdruck „ökologische Runderneuerung“? Erkläre mit eigenen Worten.

LKS 4

___

___

___

❾ Die Abbildung unten sollte dir zu denken geben. Mehr als 96 Prozent aller Waldbrände entstehen durch vorsätzliche Brandstiftung.

LKS 5

Glasflaschen und Scherben können allerdings keinen Waldbrand auslösen, da sie aufgrund ihrer Beschaffenheit und Krümmung das Sonnenlicht nicht auf einen Punkt bündeln können.
Schreibe einen Artikel für die Schülerzeitung, der zu besonnenem Verhalten im Wald aufruft. Achte dabei auf eine zündende Überschrift und die richtige Anrede an deine Mitschüler.

___

___

___

___

___

___

___

___

___

___

___

___

___

___

D_L	Lösung:

❼ Unterstreiche im Text unten Ursachen für Waldbrände.

LKS 3

„Die Menschen sollten jedes Brandrisiko vermeiden, also kein Grillen, kein Feuer machen und auf Zigarettenkippen achten", sagte ein Sprecher des Landwirtschaftsministeriums in Kiel. Auch die Hamburger Wirtschaftsbehörde warnte. Besonders betroffen seien auch Heideflächen. Besitzer von Autos mit Katalysator sollten nicht über ausgetrocknetem Gras parken, da der heiße Katalysator das Gras unter dem Fahrzeug entzünden könnte.

❽ Was verstehst du unter dem Ausdruck „ökologische Runderneuerung"? Erkläre mit eigenen Worten.

LKS 4

Feuer schafft neuen Lebensraum und verbesserte Wechselbeziehungen zwischen Organismen und Wald, da der überalterte oder kranke Baumbestand beseitigt wird. Brände erweisen sich im Nachhinein als erfolgreiche Verjüngungskur für den Wald.

❾ Die Abbildung unten sollte dir zu denken geben. Mehr als 96 Prozent aller Waldbrände entstehen durch vorsätzliche Brandstiftung.

LKS 5

Glasflaschen und Scherben können allerdings keinen Waldbrand auslösen, da sie aufgrund ihrer Beschaffenheit und Krümmung das Sonnenlicht nicht auf einen Punkt bündeln können.
Schreibe einen Artikel für die Schülerzeitung, der zu besonnenem Verhalten im Wald aufruft. Achte dabei auf eine zündende Überschrift und die richtige Anrede an deine Mitschüler.

Hey Kids, aufgepasst! Unsere Wälder brennen!

Seit Wochen hören die Meldungen nicht mehr auf, die von Waldbränden rund um den Globus, vor allem aber bei uns berichten. „Deutschland fängt Feuer!" – so lautete die Schlagzeile vom 26. Juni. Es brannten an diesem Wochenende bei uns rund 50 Quadratkilometer Wald. Ihr solltet wissen, dass 96 Prozent aller Waldbrände auf vorsätzliche Brandstiftung zurückzuführen sind. Hütet euch davor, im Wald fahrlässig zu handeln. Das geht bei einer achtlos weggeworfenen, noch leicht glimmenden Zigarettenkippe los und endet bei einem mächtigen Lagerfeuer, durch dessen Funkenflug der Wald zu brennen anfangen könnte. Selbst ein kleines Feuer, um Würstchen zu grillen, ist dann gefährlich, wenn die Glut am Ende der Feier nicht restlos ausgelöscht wird. Am besten wäre es, Wälder zu meiden, wenn es um Dinge geht, die mit Feuer und Glut zu tun haben. Wenn ihr euch in die Pflicht nehmt und euch verantwortungsbewusst verhaltet, helft ihr mit, Wälder zu erhalten. Weist eure Eltern darauf hin, nicht mit heißem Kat auf trockenem Waldboden zu parken. Auch hier besteht extreme Brandgefahr. Am besten wäre es, überhaupt nicht mit dem Auto in Wälder zu fahren.

Franz-Stefan (7a)

Lesetest: Christoph Kolumbus entdeckt Amerika

Eine Seefahrt ins Ungewisse

Christoph Kolumbus entdeckte im Jahr 1492 den Kontinent Amerika. Kolumbus war jedoch nicht, wie viele annehmen, der erste, sondern der letzte Entdecker Amerikas. Er selbst glaubte bis zu seinem Tod 1506, er habe einen Schiffsweg nach Hinterindien gefunden. Die dortigen Ureinwohner nannte er daher „Indianer". Kolumbus leitete die Eroberung des amerikanischen Kontinents durch die Europäer ein. Die einen feiern ihn als Helden, die anderen sehen in ihm einen machthungrigen und grausamen Eroberer. Die einheimischen Völker wurden von den europäischen Siedlern unterdrückt, versklavt und ausgerottet.

Mehr als 500 Jahre ist es schon her, dass Kolumbus den amerikanischen Kontinent entdeckte. Kolumbus war jedoch nicht der erste europäische Entdecker Amerikas. Bereits 500 Jahre vor ihm waren die Isländer mit ihren Schiffen auf dem amerikanischen Kontinent angekommen. Ihr Versuch, dort zu siedeln, blieb jedoch erfolglos.

Namensgeber Amerikas war übrigens der Italiener Amérigo Vespucci. Anders als Kolumbus glaubte er, einen neuen Kontinent entdeckt zu haben.

Kolumbus war es allerdings, der die Eroberung des amerikanischen Kontinents durch die Europäer und die Vertreibung der dortigen Ureinwohner einleitete.

Der Weg des Kolumbus war gekennzeichnet von Problemen und Irrtümern. Viele Fragen sind bis heute nicht völlig geklärt – so beispielsweise das Leben, das er vor seiner ersten großen Entdeckungsreise führte. Ebenso sein genaues Geburtsdatum, sein Geburtsland und seine Ausbildung können nicht mit Sicherheit bestimmt werden. Vermutlich wurde Kolumbus 1451 in Genua geboren. Einige glauben, dass Christoph Kolumbus jüdischer Abstammung war und dies geheim hielt. Zu seiner Zeit vertrieb das spanische Königshaus die Juden aus dem Land, welche sich nicht zur christlichen Kirche bekennen wollten. Als Jude hätte er keine Chance gehabt, seine Expedition von der Krone finanzieren zu lassen. Dies ist jedoch nur eine Vermutung mancher Historiker.

Wer findet einen Seeweg nach Indien?

Zur damaligen Zeit betrieben die Europäer viel Handel in Asien. Aus Indien und China bezogen sie Gewürze, Seide und andere begehrte Luxusgüter. Die Osmanen (heutige Türken) begannen im 14. Jahrhundert, Teile des Landwegs, den die Europäer zur Überfahrt nutzten, zu bezollen. Dadurch wurden Waren für die Käufer in Spanien und Portugal zu teuer. Ein Wettlauf mit der Zeit begann: Die Nation, die als erste einen alternativen Weg nach Indien und China fand, war den anderen gegenüber wirtschaftlich im Vorteil.

So entsendete Portugal bereits 1418 die ersten Entdecker, um eine Schiffsroute nach Indien ausfindig zu machen. Die Portugiesen setzten auf die Umsegelung Afrikas, um von dort aus Indien zu erreichen. Kolumbus, der schon als 14-jähriger Junge zur See gefahren war, begann ebenfalls, einen Plan auszuarbeiten. Er berechnete die Längen- und Breitengrade der Erde und somit die ungefähre Entfernung des asiatischen Kontinents, wenn man Richtung Westen segelt. Die Entfernung schien ihm auf diesem Weg viel geringer zu sein.

Der Plan des Kolumbus

Dass die Menschen damals noch im Glauben lebten, die Erde sei eine Scheibe, ist ein Gerücht, das sich bis heute gehalten hat. Vor allem die Gelehrten wussten längst von der Kugelform der Erde. Sogar die Kirche war davon überzeugt, dass die Erde eine Kugel ist. Nur die wenigsten glaubten noch immer an die Scheibenform der Erde. Schon Aristoteles, der viele Jahre vor Christi Geburt lebte, war überzeugt, man könne Richtung Westen den Ozean überqueren und so innerhalb weniger Tage Asien erreichen.

Dies nahm sich der Geistliche Pierre d'Ailly als Vorbild und schrieb ein Buch über Astronomie (Wissenschaft der Sterne) und Geografie (Wissenschaft der Erdoberfläche), welches Kolumbus zur Berechnung seiner Route nutzte. Hierbei schätzte er die Entfernungen anhand einiger Quellen. Dabei berechnete er den Erdumfang so gering, dass die Fläche, auf der Amerika liegt, eigentlich gar nicht vorhanden sein konnte.

Den asiatischen Kontinent dagegen hielt er für viel größer, als dieser in Wirklichkeit ist. Statt den von ihm berechneten 60 Breitengraden, die man Richtung Westen segeln müsste, waren es tatsächlich 210. Was er außerdem nicht wusste: Ein Kontinent lag dazwischen.

Auf der Suche nach Unterstützung

Nun hatte Kolumbus einen Plan, einen berechneten Seeweg und ausreichend Entdeckergeist, um die Reise zu beginnen. Einzig die finanziellen Mittel fehlten ihm. Er suchte 1484 den portugiesischen König Johann II. auf und stellte ihm seine Pläne vor. Dieser zeigte sich nicht interessiert, da er die Berechnungen für falsch hielt, und lehnte ab.

1485 verließ Kolumbus Portugal und machte sich zusammen mit seinem Sohn auf den Weg nach Spanien. Dort wollte er sich Gehör beim spanischen Königspaar verschaffen und sich in seine Dienste begeben. Da sich Spanien zu diesem Zeitpunkt im Krieg mit den Mauren befand, hatten die Staatsoberhäupter anderes im Sinn, als einem Mann namens Christoph Kolumbus eine Reise zu finanzieren, um eine kürzere und schnellere Verbindung nach Indien und China zu finden.

Kolumbus lernte in Spanien allerdings einflussreiche Menschen kennen, die seine Pläne in höchsten Tönen lobten und hinter ihm standen. Vom spanischen Königshaus erhielt er hin und wieder Geld, sodass er seine Pläne nicht einer anderen Regierung unterbreitete. Nach fünf Jahren des Abwartens machte sich Kolumbus auf den Weg nach Frankreich, um dort sein Glück zu versuchen. Kurz vor seinem Ziel ereilte ihn ein Bote der spanischen Königin Isabella und teilte ihm mit, dass das Königshaus mit seinen Bedingungen einverstanden sei und den Forderungen nachkäme.

Im Auftrag der spanischen Krone

Die Entscheidung, Kolumbus' Reise in den Westen zu finanzieren, traf Königin Isabella nicht aus eigener Überzeugung. Vielmehr wurde sie von den am Königshof lebenden Gönnern des Kolumbus überredet. Die Finanzierung der Expedition selbst dürfte das kleinste Problem dargestellt haben. Die Forderungen des Kolumbus an das Königshaus jedoch, die er im Gegenzug für seine Dienste verlangte, waren überzogen. Nur die Überredungskunst seiner Gönner brachte die Königin dazu, den Vertrag mit den Pflichten und Rechten zu unterschreiben. Kolumbus verpflichtete sich, für Spanien einen Seeweg nach Asien zu finden – nach Möglichkeit vor den Portugiesen – und auch neue Gebiete in das Königreich einzugliedern. Im Gegenzug wurde er zum Admiral ernannt und forderte ein Zehntel der Einnahmen, die der neu erschlossene Seeweg durch den Handel von Edelmetallen einbringen würde. Dies war bei weitem noch nicht alles. Zwar würden die neuen Gebiete Spanien und somit der spanischen Krone unterstehen, er jedoch wollte zum Vizekönig ernannt werden.

Die Entdeckungsreise kann beginnen

Kolumbus hatte es geschafft: Er konnte nicht nur seine Reise unter spanischer Flagge starten, auch sämtliche seiner Bedingungen wurden akzeptiert und ihm vertraglich zugesichert. Am 3. August 1492 war es dann soweit. Seine Flotte – bestehend aus dem Flaggschiff Santa Maria und den beiden Karavellen Niña und Pinta – stach in See.

Hinter dem Begriff „Karavellen" verbergen sich Segelschiffe, die zwar groß sind – also beispielsweise mit viel Proviant für lange Reisen an Bord beladen werden können – trotzdem aber schnell und wendig bleiben. So eignen sie sich für Reisen ohne klar berechenbares Ziel – Entdeckungsreisen wie die von Kolumbus, der einen Weg nach Indien durch den Atlantischen Ozean finden wollte.

Erste Reise: Eine Fahrt ins Ungewisse

Endlich auf dem Seeweg Richtung Westen, stand die kleine Flotte schon am dritten Tag vor einem Problem. Der Schiffsmast der Pinta war zu Bruch gegangen und die gesamte Expedition musste einen ganzen Monat auf den Kanarischen Inseln warten, bis der Schaden behoben war. Nach dieser unfreiwilligen Pause ging es schließlich weiter mit der Suche nach Hinterindien.

Die Stimmung der Besatzung verschlechterte sich immer mehr, und Kolumbus wehrte sogar eine Meuterei der Matrosen ab. Die Ungewissheit über den Ausgang der Reise sowie heftige Unwetter und Gefahren des noch unbekannten Gewässers schürten Zweifel und Ängste der Mannschaft.

Am 14. September schließlich, als der Kompass begann, verrückt zu spielen, bekamen die Männer Panik.

Die Orientierung im offenen Meer zu verlieren, wäre ihr Todesurteil gewesen. Mit Gewalt forderten sie die Rückfahrt nach Europa.

Gerade in diesem Moment der Meuterei sah Kolumbus angeblich einen Vogel über das Schiff fliegen. Er beteuerte die Richtigkeit seiner Worte und die Besatzung ließ von ihrem Vorhaben, nach Spanien zurückzukehren, ab – ihr Weg führte sie weiter nach Westen. Tatsächlich waren sie noch einen ganzen Monat von der Küste entfernt. Umhertreibende Äste und Bäume gaben den Männern an Bord jedoch Hoffung, bald wieder festen Boden unter den Füßen zu haben.

Land in Sicht!

Am 12. Oktober 1492 hatten sie es geschafft: Die Mannschaft erreichte eine kleine Insel der Bahamas und legte an. Kolumbus gab ihr den Namen „San Salvador" („Heiliger Retter"). Die Einwohner nannte er „Indianer", da er der Meinung war, auf einer Insel kurz vor dem asiatischen Festland angekommen zu sein. Heute weiß man nicht mit Gewissheit, welche der Inseln es tatsächlich war, auf der die Flotte damals ankerte.

Nachdem die Besatzung innerhalb weniger Tage die Vorräte aufgefüllt hatte, konnte die Entdeckungsreise weitergehen. Schon bald darauf erreichten die Männer die Inseln Kuba und Hispañola. Das Flaggschiff Santa Maria lief an der Küste von Hispañola auf Grund, und die Besatzung musste erst einmal dort verweilen. Aus den Trümmern des Schiffes errichtete sie mithilfe der einheimischen Bevölkerung die erste spanische Siedlung, die gleichzeitig die erste in Amerika war. Da das Fort am 25. Dezember 1492 erbaut wurde, taufte Kolumbus sie „La Navidad" – die spanische Bezeichnung für Weihnachten.

Die Rückkehr nach Spanien

Kolumbus beschrieb die Einheimischen als freundlich und freigiebig. In seinem Tagebuch hielt er fest, dass sie sich vermutlich „gut als Sklaven eignen" würden. Da die Ureinwohner den Spaniern gegenüber zunächst kein Gräuel hegten, sondern ihnen sehr freundlich gesinnt waren, schien es kein Problem zu sein, einen Teil der Mannschaft in der erbauten Siedlung zurück zu lassen.

Da die spanischen Seeleute eines ihrer drei Schiffe verloren hatten, waren sie aus Platzgründen dazu gezwungen. Zu einem späteren Zeitpunkt sollte die zurückgelassene Mannschaft geholt werden. Schon am 16. Januar, also nach nicht einmal einem Monat, legte Kolumbus mit den beiden verbliebenen Karavellen wieder ab, um Richtung Heimat zu segeln. Bei der Überfahrt nach Spanien kamen die Schiffe in einen fürchterlichen Sturm und wurden voneinander getrennt. Umso erstaunlicher, dass beide Schiffe am gleichen Tag, dem 15. März 1493, in Spanien anlegten.

Britta Pawlak und Marlen Schott.
Aus: Helles Koepfchen

Christoph Kolumbus. Gemälde von Ridolfo del Ghirlandaio (um 1520)

Christoph Kolumbus. Gemälde von L. Prang (1893)

D L | Name: ____________________ | Datum: ____________________

Lesetest: Christoph Kolumbus entdeckt Amerika

❶ Wann entdeckt Kolumbus Amerika? Kreuze richtig an. (1)

☐ 1418 ☐ 1451 ☐ 1484 ☐ 1485 ☐ 1492 ☐ 1505

❷ Welche Aussagen stimmen? Kreuze diese an. (3)

☐ Kolumbus nahm an, dass die Erde eine Kugelform hatte.

☐ Kolumbus nahm an, dass die Erde wie eine Scheibe geformt war.

☐ Kolumbus segelte nach Osten, um einen Seeweg nach Indien zu finden.

☐ Kolumbus segelte nach Westen, um einen Seeweg nach Indien zu finden.

☐ Kolumbus startete seine Entdeckungsfahrt unter spanischer Flagge.

☐ Kolumbus startete seine Entdeckungsfahrt unter portugiesischer Flagge.

❸ Im Wörterpuzzle sind elf Fremdwörter bzw. Namen versteckt, die im Text vorkommen. Finde die Wörter heraus. Sie können waagrecht und senkrecht, aber auch in Gegenrichtung versteckt sein. (12)

W	X	Q	E	X	P	E	D	I	T	I	O	N	S	E	E	L	E
A	V	T	G	E	O	G	R	A	F	I	E	K	E	S	S	I	V
R	I	G	P	M	A	R	E	K	I	R	O	T	S	I	H	T	G
T	P	T	T	O	K	Y	A	I	R	A	M	A	T	N	A	S	P
I	A	S	T	R	O	N	O	M	I	E	H	T	E	N	T	A	I
T	N	E	N	I	T	N	O	K	L	E	A	N	I	N	V	F	N
I	I	R	K	O	M	P	A	S	S	C	H	A	N	C	E	A	T
B	K	M	F	S	M	E	S	E	L	E	T	O	T	S	I	R	A

❹ Die gesuchten Wörter sind aus dem Wörterpuzzle von oben entnommen. Trage sie bei der richtigen Bedeutung ein. Das Lösungswort bezeichnet die Bewegung der Erde. (8)

1. Wissenschaft von der Erdoberfläche
2. Wissenschaft von den Sternen
3. griechischer Philosoph (384–322 v. Chr.)
4. Flaggschiff von Kolumbus
5. anderes Wort für Erdteil
6. Begleitschiff von Kolumbus
7. Geschichtsforscher
8. Zustand äußerster Angst

D L	Lösung:

Lesetest: Christoph Kolumbus entdeckt Amerika

LKS 1

❶ Wann entdeckt Kolumbus Amerika? Kreuze richtig an. (1)

☐ 1418 ☐ 1451 ☐ 1484 ☐ 1485 ☒ 1492 ☐ 1505

❷ Welche Aussagen stimmen? Kreuze diese an. (3)

LKS 2

☒ Kolumbus nahm an, dass die Erde eine Kugelform hatte.

☐ Kolumbus nahm an, dass die Erde wie eine Scheibe geformt war.

☐ Kolumbus segelte nach Osten, um einen Seeweg nach Indien zu finden.

☒ Kolumbus segelte nach Westen, um einen Seeweg nach Indien zu finden.

☒ Kolumbus startete seine Entdeckungsfahrt unter spanischer Flagge.

☐ Kolumbus startete seine Entdeckungsfahrt unter portugiesischer Flagge.

❸ Im Wörterpuzzle sind elf Fremdwörter bzw. Namen versteckt, die im Text vorkommen. Finde die Wörter heraus. Sie können waagrecht und senkrecht, aber auch in Gegenrichtung versteckt sein. (12)

LKS 3

W	X	Q	E	X	P	E	D	I	T	I	O	N	S	E	E	L	E
A	V	T	G	E	O	G	R	A	F	I	E	K	E	S	S	I	V
R	I	G	P	M	A	R	E	K	I	R	O	T	S	I	H	T	G
T	P	T	T	O	K	Y	A	I	R	A	M	A	T	N	A	S	P
I	A	S	T	R	O	N	O	M	I	E	H	T	E	N	T	A	I
T	N	E	N	I	T	N	O	K	L	E	A	N	I	N	V	F	N
I	I	R	K	O	M	P	A	S	S	C	H	A	N	C	E	A	T
B	K	M	F	S	M	E	S	E	L	E	T	O	T	S	I	R	A

❹ Die gesuchten Wörter sind aus dem Wörterpuzzle von oben entnommen. Trage sie bei der richtigen Bedeutung ein. Das Lösungswort bezeichnet die Bewegung der Erde. (8)

LKS 3

1. Wissenschaft von der Erdoberfläche	G	E	O	G	R	A	F	I	E		
2. Wissenschaft von den Sternen	A	S	T	R	O	N	O	M	I	E	
3. griechischer Philosoph (384–322 v. Chr.)	A	R	I	S	T	O	T	E	L	E	S
4. Flaggschiff von Kolumbus	S	A	N	T	A	M	A	R	I	A	
5. anderes Wort für Erdteil		K	O	N	T	I	N	E	N	T	
6. Begleitschiff von Kolumbus				P	I	N	T	A			
7. Geschichtsforscher	H	I	S	T	O	R	I	K	E	R	
8. Zustand äußerster Angst			P	A	N	I	K				

D L	Name: ______________________	Datum: ______________

❺ Welche der unten abgebildeten Personen stellt Kolumbus dar? Kreuze richtig an. (1)

LKS 4

☐ 
☐ 
☐ 
☐ 

❻ Mit welchen Problemen hatte Kolumbus auf seiner Entdeckungsfahrt zu kämpfen? (4)

LKS 4

____

____

____

❼ Trage in die Karte unten die Route ein, die Kolumbus bei seiner ersten Reise zurückgelegt hat. Benenne die mit Ziffern versehenen Kontinente. (3+5)

LKS 4

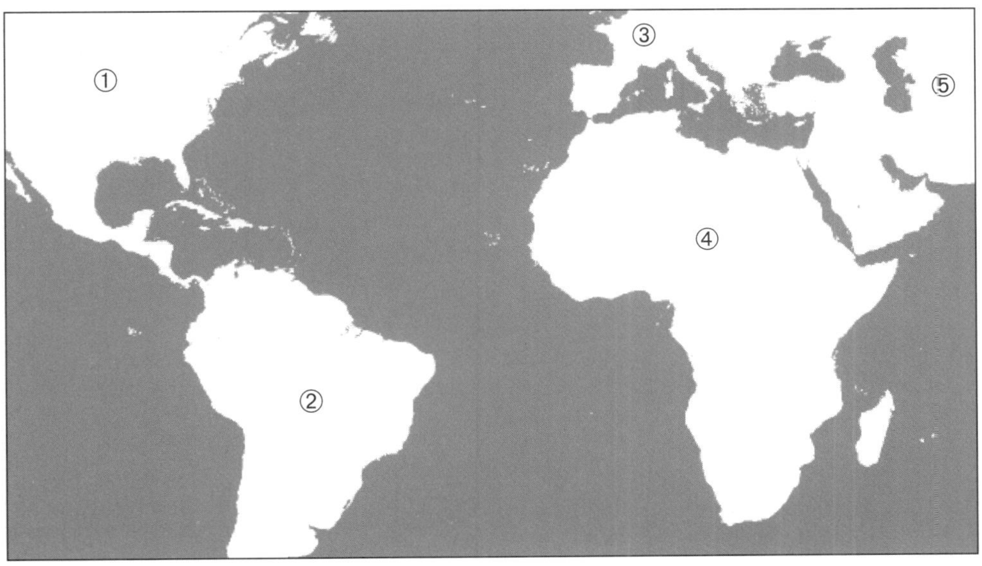

① ______________

② ______________

③ ______________

④ ______________

⑤ ______________

❽ Von wo fuhr Kolumbus ab? (1)

LKS 4

☐ Portugal

☐ Spanien

☐ Frankreich

❾ Beschreibe das Bild links. Schreibe dabei auf die Rückseite des Blattes. Achte auch auf Details. (6)

LKS 4

❿ Mit der Entdeckung Amerikas folgten unerfreuliche Ereignisse in der Neuen Welt. Weißt du etwas darüber? (6)

LKS 5

____

____

____

____

____

D_L Lösung:

❺ Welche der unten abgebildeten Personen stellt Kolumbus dar? Kreuze richtig an. (1) LKS 4

☐ 

☒ 

☐ 

☐ 

❻ Mit welchen Problemen hatte Kolumbus auf seiner Entdeckungsfahrt zu kämpfen? (4) LKS 4

Probleme und Schwierigkeiten bereiteten Kolumbus Stürme und gewaltige Unwetter, aber auch Krankheiten und die zur Neige gehende Verpflegung an Bord. Vitaminmangel rief Skorbut hervor. Kurz vor Ende der Reise erfolgte auch noch eine Meuterei einiger Matrosen.

❼ Trage in die Karte unten die Route ein, die Kolumbus bei seiner ersten Reise zurückgelegt hat. Benenne die mit Ziffern versehenen Kontinente. (3+5) LKS 4

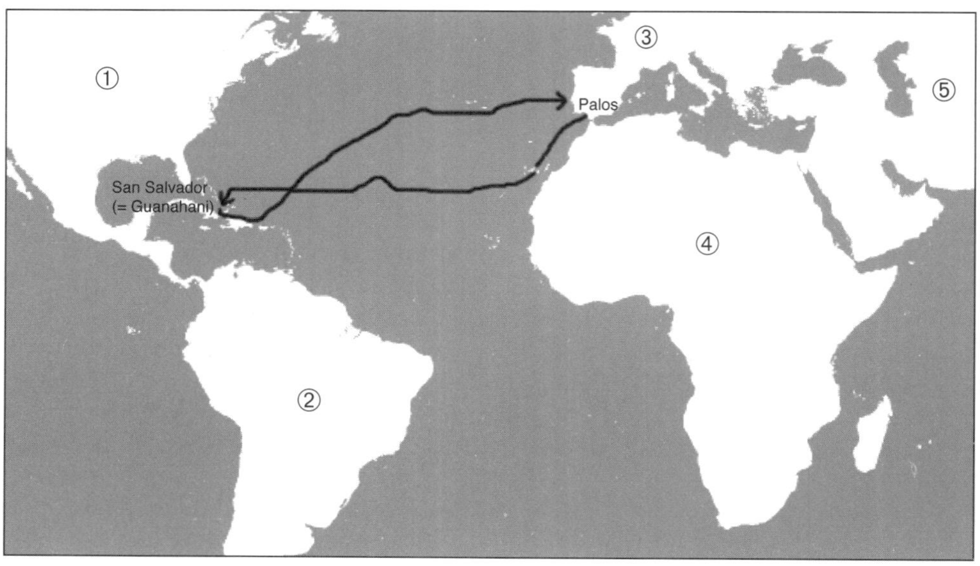

① *Nordamerika*

② *Südamerika*

③ *Europa*

④ *Afrika*

⑤ *Asien*

❽ Von wo fuhr Kolumbus ab? (1) LKS 4

☐ Portugal
☒ Spanien
☐ Frankreich

❾ Beschreibe das Bild links. Schreibe dabei auf die Rückseite des Blattes. Achte auch auf Details. (6) LKS 4

❿ Mit der Entdeckung Amerikas folgten unerfreuliche Ereignisse in der Neuen Welt. Weißt du etwas darüber? (6) LKS 5

• Eroberung und Zerstörung von amerikanischen Kulturen (Azteken, Inka)

• Unterdrückung und Ausbeutung der Länder und der Eingeborenen (Indianer)

• beginnender Sklavenhandel

Bildnachweis

S. 8: dokujunkies.org/tag/new-york-city.
S. 9/10: www.gameswelt.de/.../5175-Fallout_3/index.html.
S. 11/12: Grafik Waffenhandel. www.fr-online.de/.../2845560/-/index.html; www.sol.de/titelseite/topnews/Waffenhändler-...
S. 15/16: Mädchen mit Down-Syndrom. © 2011–HEXAL. AG.
S. 17/18: Johanna © Gesa Coordes; Mädchen mit Down-Syndrom © Elisabeth Novy. Mödling bei Wien, 2001–2011.
S. 22: www.warrlich.eu/uploads/ pics/Zimmerleute.png
S. 23/24: Der Zimmermann. Aus: Was willst du werden? Bilder aus dem Handwerkerleben. Winckelmann Berlin, um 1880 (unbekannter Künstler).
S. 25/26: Goldgräber im kalifornischen Goldrausch. www.moneymuseum.com/moneymuseum/library/picture; Auswandererschiff. www.nibis.de/.../ostfriesen/ostfr10/ostfr10.htm.
S. 29/30/31/32: Wilhelm Busch: Die Fliege © Südwest-Verlag GmbH& Co.KG, München 1984.
S. 33: Soldaten vertreiben Bauern und Vieh. Radierung aus einer Folge von 26 Blättern mit Szenen aus dem Dreißigjährigen Krieg. Hans Ulrich Franck (1655).
S. 34: Der geharnischte Reiter/Landsknecht verfolgt Bauern. Radierungen von Hans Ulrich Franck (1643), Germanisches Nationalmuseum Nürnberg.
S. 35/36: www.wasg-bremen.de/forum/schwedentrunk.pdf;
S. 37/38: Karte. www.ludenhausen.de/ 30_jaehriger_krieg.htm; english8.fsu.edu/ jlb07t; Martin Luther. Gemälde von Lukas Cranach d. Ä. (1529)
Der Fenstersturz zu Prag. Gemälde von Wenzel v. Brozik (1889). Foto © Picture-Alliance/AKG-Images.
S. 43/44: Demonstration in Rostock. www.badische-zeitung.de/rostock-krawalle.
S. 49/50: Bild Mobbing. www-stud.fh-fulda.de/~fdsw2579/Wir/mobbing1gr.JPG.
S. 53/54: Der Sturm auf die Bastille Gemälde von Jean-Pierre Houel (1789). Französische Soldaten oder Milizionäre tragen die Köpfe von de Launay (rechts) und Jacques de Flesselles auf Piken. French Political Cartoon Collection (Library of Congress).
S. 55/56: asd
S. 58: Otto Lilienthal: Der Vogelflug als Grundlage der Fliegekunst, Berlin 1889. Bild-PD-alt.
S. 59/60: www.lilienthal-museum.de/olma/images/f0061.jpg. Foto: A. Regis.
S. 61/62: Libellenflügel © Foto: Nele Goetz, 2007; Libellenflügel © Judith Henrichfreise, 2010.
S. 65/66: Mäusebussard. www.natur-lexikon.com/Dokument HWG 000326, Foto: Thomas Kirchen; Habicht: www. natur-lexikon.com/Dokument HWG 00034; Fischadler: www.gutnetzow.de/ images/f schadler.JPG.
S. 71/72: buchplanet.ch/.../ 2011/05/Aborigine.jpg; Feuerkraut. www.rabbarien.de/vollbild-ff1d4796fe85a21ba86...; Banksia. www.gardeningeu; Roter Feuerkäfer: www.entomologie-stuttgart.de © Foto: J. Reibnitz.
S. 78: Christoph Kolumbus. Gemälde von Ridolfo del Ghirlandaio (um 1520). Foto: dpa; Christoph Kolumbus trifft in Amerika ein. L. Prang & Co, Boston 1893
S. 81/82: Christoph Kolumbus. Gemälde von Sebastiano del Piombo (1519) aus der Sammlung des New Yorker Metropolitan Museum of Art; Vasco da Gama. Aus: E. Benjamin Andrews History of the United States, from the Earliest Discovery of America to the Present Time. Scribner's Sons, New York 1913; Magellan. Robert Green Hall, Harriet Smither, and Clarence Ousley, A History of The United States for the Grammar Grades. The Southern Publishing Company, 1920/22; Pizarro. Archiv-Fotografie der Universität von Santiago de Chile; Die Landung von Christopher. Kupferstich von Theodore de Bry (1594).